卢德之　著

论共享文明

兼论人类文明协同发展的新形态

人民东方出版传媒

东方出版社

卢德之 1962年出生，湖南桃江人，哲学博士，现任弘康人寿保险公司董事长、华民慈善基金会理事长、世界生产力科学院院士，兼任国际儒学联合会副理事长、中国保障学会副会长、中国伦理学会副会长、中国社会组织促进会副会长、中国基金会中心网理事长、深圳中国慈展会发展中心理事长、全球慈善家协会首批中国大陆会员，北京大学、北京师范大学、南京大学、中山大学、中央财经大学、湖南大学、湖南师范大学、特华博士后工作站等高校和科研院所兼职教授、博士生导师。

从事经济、企业工作同时，研究涉及哲学、政治学、经济学、社会学、管理学等领域，先后出版《交易伦理论》《资本精神》《论慈善事业》《走向共享》《让资本走向共享》及"资本与共享三部曲"：《资本精神》《论资本与共享》《论共享文明》等个人专著。多年来，致力于现代慈善理论创新与实践探索，先后在北京大学、清华大学和哈佛大学、庆熙大学等海内外高校、研究机构发表演讲一百五十多场次，特别是他提出的以资本精神、共享、走向共享、共享文明、21世纪慈善等为核心概念的资本与共享理论，在海内外产生了日益广泛的影响，被誉为中国公益慈善理论的重要代表人物。

关于对人类文明的认识和共享文明发展成果

（代序）

滕文生

人类文明史表明，任何一种文明都不可能孤立地存在和发展，东方文明如此，西方文明和世界其他文明都如此。欧洲在经历一千年黑暗的中世纪以后，通过文艺复兴、宗教改革、资产阶级革命和工业革命，终于摆脱衰乱和落后状态，进入资本主义发展阶段，在新的基础上实现了欧洲文明的复兴。这是欧洲各国人民共同奋斗的结果，同时与欧洲各国人民学习借鉴东方文明和世界其他文明的长处、智慧、经验，也是分不开的。

不同文明需要互学互鉴，方能取得各自的发展和共同进步。这是一个历史规律。各种文明的发展是不平衡的，而且它们在发展中是波浪式前进的。世界上各种文明的形成有先有后，发展的速度有快有慢，对世界文明的贡献也有程度大小、数量多少的差别。也就是说，世界上各种不同文明不会是同时产生、齐头并进、等量齐观的。正因为如此，才会产生相互交流和互学互鉴的需要，也才会通过互学互鉴形成相互交融、相互辉映的生机盎然的文化景象。所谓波浪式前进，就是说任何一种文明的发展进程，由于对客观条件的利用或时机把握上的差失和种种历史局限的制约，不是也不可能是直线前进、一帆风顺的。在前进速度和发展水平上会有快慢、高低之别，有时还会发生这样那样的曲折，就像波浪一样有波峰也有波谷。

各种文明发展的不平衡和波浪式前进，是不以人们意志为转移的。无论东方文明、西方文明还是世界其他文明发展的历史经验都不断表明，即使一种文明在世界文明的行列中一个时期处于领先地位，对其他文明和世界文明发展作出了很大贡献，也切不可使这种地位和贡献成为包袱，从此孤芳自赏、固步自封，以为不需要向别的文明学习借鉴了；更不能以为自己的文明是至高无上、唯我独尊的，是"只此一家、别无分店"，从而轻视、鄙薄甚至排斥、打击别的文明，这种认识和做法是自取衰败之道。人类文明发展需要相互不断交流、融合与超越。

人类历史已进入 21 世纪，这是一个充满巨变而又有着光明前途的世纪。当今世界，各国各地区的经济、政治、文化、社会联系空前紧密，不同文明的对话与交流日益频繁。同时在经济全球化的推动下，无论物质文明还是精神文明都取得了巨大进步，特别是物质文明的进步达到了古代世界完全不可想象的繁荣境地。这些都为人类命运共同体的形成构建了有利条件。但是，经济全球化也像其他事物一样，有利也有弊，是利弊共存的对立统一体。它在给人类带来巨大利益与进步的同时，也带来了不少弊端与难题。例如，贫富悬殊空前突出，不平等现象日益加剧，物质追求奢华无度，个人主义恶性膨胀，社会诚信不断消减，伦理道德每况愈下，人与自然关系日趋紧张，等等。要消除和解决这些弊端与难题，需要运用人类社会今天所创造的各种智慧与力量，也需要运用世界各种文明以往所积累的一切智慧与力量。只有不断发掘、利用人类已经积累和正在创造的一切优秀思想文化成果，特别是其中蕴含的启示、智慧与经验，我们才能更好地认识和改造世界，才能开创人类社会和人类文明更加美好的未来。毫无疑义，对于拥有悠久历史的中华文明，应充分挖掘其蕴集的丰富思想文化价值，结合当今中国和世界经济社会的发展实际，实现其创造性转化和创新性发展，使之为建设中国特色社会主义事业和改进全球治理、促进各国共同繁荣服务。

自古以来，中华文明就有一个重要政治思想，也是一种美好社会理想，就是"天下大同"。所谓"天下"者，非一人一家一国一民族之天下，而是所有人所有民族所有国家共有之天下。所谓"大同"者，中国古代典籍《礼记》中说："天下为公"，"是谓大同。"另一古代典籍《吕氏春秋》中说："天地万物，一人之身也，此之谓大同。"这是中国古人们对"天下大同"思想的理论说明和形象表述。基于"天下大同"的要义，中国的古贤们还提出了又一个重要政治思想，就是"民为邦本""国以民为本"的民本主义。所谓"以民为本"，就是倡导社会经济、政治、文化活动和治国理政工作，要服从和服务于天下民众的共同利益，实现"安民""富民""乐民"。中国西汉著名的政论家贾谊就说过：为政者应"以富乐民为功，而以贫苦民为罪"。当然，历史的事实已反复表明，在中国古代少数人统治多数人的封建社会里，统治者没有也不可能真正贯彻"天下为公"的思想，没有也不可能真正实行"以民为本"的原则，没有也不可能真正实现"安民""富民""乐民"。但是，"天下大同"和"以民为本"这种体现人民性民主性的先进政治思想和美好社会理想，作为中国传统文化的思想精华，却一直为致力于社会进步的志士仁人和劳动人民在不断追求和长期实践斗争中传承下来。

到了近代，由于西方列强的入侵，中国由两千多年的封建社会逐渐沦为半殖民地半封建社会。为了挽救国家和民族的危亡，一些先进的中国人，一面学习西方文明，从中寻找救亡图存的新的武器，一面研究中国传统文化，从中寻找救亡图存的借鉴。领导戊戌维新的康有为，曾经写过一篇《大同书》，提出中国应"农行大同""工行大同""商行大同"，主张通过学习西方的科学技术来发展农业、工业、商业，实现中国的振兴富强。这种在不触动封建社会制度根基的前提下简单仿行西方经济技术文明的所谓"大同"，不过是刚刚从封建营垒中脱胎出来的资产阶级上层的一种改良主义的救国方案，当然是行不通的，戊戌变法到了百日就失败了。领导辛亥革命的中国民主革命的伟大先行者孙中山，他以"天下为公"为号召，并借鉴西方资本主义的民主政治思想，提出"民有""民治""民享"，说"天下既为人人所共有，则天下之权利，自当为天下人民所共享"。他以为通过仿效西方在中国建立资产阶级共和国，就可以振兴中华，然而历史的事实旋即证明，这种资本主义的救国道路在中国也是行不通的。辛亥革命推翻了清王朝，结束了中国两千多年的封建帝制，这是一个伟大的历史功绩，但是这次革命在外部帝国主义势力和中国封建主义势力的双重压迫下很快就失败了，中国又陷入了北洋军阀割据和国民党反动派独裁统治下的分裂混乱局面。孙中山先生所追求的"天下为公"和"民有""民治""民享"自然也就不可能实现。

最终改变中国的历史命运，实现中华民族复兴的历史重任，就落到了中国共产党的肩上。以毛泽东同志为代表的中国共产党人，在马克思主义指导下，从一开始就明确宣示自己的根本宗旨是"立党为公""全心全意为人民服务"，团结和领导中国人民经过28年的新民主主义革命，推翻了帝国主义、封建主义和官僚资本主义的联合统治，建立了新中国，结束了中国半殖民地半封建社会的历史，从此开创了建设社会主义中国的历史新纪元。新中国经过进行社会主义革命建立了社会主义制度，在政治上实行人民当家作主，在经济上通过发展社会主义经济文化逐步实现全体人民生活的富裕幸福，在外交上坚持国家不分大小强弱一律和平共处、平等互利的原则。这是马克思主义关于科学社会主义基本原则在中国的具体体现，也是对中国传统文化中的"天下为公""以民为本""天下大同""万国咸宁"等思想精华的创造性继承、运用和发展。尽管中国共产党领导中国人民在建设社会主义进程中发生过这样那样的一些失误，但坚持这些政治、经济和外交的基本原则是始终坚定不移的。

经过近40年的改革开放，中国共产党在建设中国特色社会主义的新的探索中，在发展经济、政治、文化、社会和处理国际关系问题上，又取得了许多新的实践经验和新的理论认识。在中共十八大以后，习近平同志提出的"以人民为中心的发展思想"和"共享发展理念"，就是其中一个新的重要理论认识和精髓思想。他说：践行以人民为中心的发展思想，"体现了我们党全心全意为人民服务的根本宗旨，体现了人民是推动发展的根本力量的唯物史观"。以人民为中心的发展思想，"要体现在经济社会发展各个环节。要坚持人民主体地位，顺应人民群众对美好生活的向往，不断实现好、维护好、发展好最广大人民根本利益，做到发展为了人民、发展依靠人民、发展成果由人民共享"。他又说："共享理念实质就是坚持以人民为中心的发展思想，体现的是逐步实现共同富裕的要求。共同富裕，是马克思主义的一个基本目标，也是自古以来我国人民的一个基本理想。孔子说：'不患寡而患不均，不患贫而患不安。'孟子说：'老吾老以及人之老，幼吾幼以及人之幼。'《礼记·礼运》具体而生动地描绘了'小康'社会和'大同'社会的状态。"他还精辟地阐述了共享发展理念的四个方面的主要内涵：一是全民共享，就是人人享有、各得其所；二是全面共享，就是要共享国家经济、政治、文化、社会、生态各方面建设成果；三是共建共享，就是要广泛汇聚民智，最大激发民力，形成人人参与、人人尽力、人人都有成就感的生动局面；四是渐进共享，就是共享发展必将有一个从低级到高级、从不均衡到均衡的过程，要立足国情、立足经济社会发展水平来思考设计共享政策，既不裹足不前，也不好高骛远。总之，共享发展理念注重的是解决社会公平正义问题。让广大人民共享发展成果，是社会主义的本质要求，是马克思主义关于社会公有、解放全人类的远大社会理想在中国的创造性运用和体现；也是在马克思主义指导下，对几千年来中国人民一直向往的"天下为公""天下大同""以民为本"社会理想的创造性转化和创新性发展。而这种中国人民古已有之的社会理想也只有在新中国成立后，在建设社会主义的崭新实践中才能真正开始从理想变为现实。这是中国人民的幸福和光荣，同时也为世界发展和人类文明的进步，竖起了一盏照亮未来的光明之灯。

共享发展理念，不仅要始终贯彻于建设中国特色社会主义的历史进程，始终体现在中国经济、政治、文化、社会、生态发展的各个方面，而且也正在贯彻于"一带一路"的国际合作建设之中。习近平主席在2013年访问哈萨克斯坦和2014年访问印度尼西亚时先后提出了建设"丝绸之路经济带"和"21世纪海上丝绸之路"的倡议，这就是现在国际社会已熟知的"一带一路"建设的国际发展倡议。这一倡议得到了"一带一路"沿线国家和其他地区国家的广泛拥护与支持，正在顺利实施和推进之中。"一带一路"建设，是着眼于各国人民追求和平与发展的共同愿望和时代要求，本着共商、共建、共享的原则，坚持以和平合作、开放包容、互学互鉴、互利共赢的精神为指导，以打造人类命运共同体和利益共同体为合作目标，为世界提供的一个充满东方智慧的共同繁荣发展方案。在世界发展中实行这样的国家不分大小强弱，一律平等互利、共享发展成果的法则，就从根本上与国际社会长期存在的弱肉强食的"丛林法则"区别了开来，它必将有利于建立公正合理的国际政治经济新秩序，必将有利于开创世界发展和人类文明进步的新生面。

20世纪初俄国发生的十月社会主义革命，标志着世界发展和人类文明进步进入了一个新时代，这就是资本主义文明与社会主义文明并存且相互竞赛的时代。关于资本主义产生后对世界发展和人类文明所作出的历史贡献，马克思、恩格斯曾给予充分肯定。他们指出："资产阶级在它的不到一百年的阶级统治中所创造的生产力，比过去一切世代创造的全部生产力还要多，还要大。"十月革命以来的一百年中，社会主义作为一种新的人类文明形态，尽管总的仍处于探索发展过程中，但已经从各个方面显示出强大的生命力，特别是作为社会主义文明核心理念的坚持以人民为中心、共享发展成果、实现共同富裕的思想，在国际社会正在显示出越来越广泛的影响力和引领力。可以坚信，以中国为代表的社会主义文明，在未来世界漫长的历史发展进程中，必将为人类文明的进步作出比资本主义文明更大的贡献。

英国著名学者、剑桥大学发展研究中心创立主任彼得·诺兰在其近著《十字路口：疯狂资本主义的终结和人类的未来》中写道：在20世纪70年代以后的资本主义全球化时代，人类进步的速度达到了一个新的高点。然而，资本主义全球化是一把双刃剑，它给人类生存造成了严重威胁。这证实了马克思的观点，即资本主义竞争拥有引发商业力量集中的趋势，给不同社会阶层带来完全不同的结果，并引发金融系统对经济和社会稳定的威胁。诺兰教授认为，要想解决资本主义全球化带来的矛盾，除了探索国际合作外别无选择。他进一步指出，在人类试图在当下这个危险时期摸索出一条前进之路方面，西方与中国的关系是重中之重。中国文化中关于实现和谐、稳定以及"中庸"式动态平衡的思想，有可能在解决资本主义全球化的内在矛盾方面作出巨大贡献。中国一直在以务实的方式寻找最符合广大人民群众利益的市场监管方式。中国将市场竞争这只"看不见的手"的动态力量与政府的"看得见的手"对市场的调控相结合，这方面的丰富经验可以为建立以道德为导向的和谐的全球政治经济作出宝贵贡献。诺兰教授还认为，摸索通向全球合作解决方案的出路，是 21 世纪共产主义的本质。"为了天下为公"的利益，建立全球监督机制以制约资本主义竞争，使处于不同发展水平、拥有不同利益和不同文化的国家，都能和平安全地生活，平等地获取可以实现自我发展的机会。

诺兰教授经过自己多年的观察和理论研究，认为要克服西方主导的经济全球化所带来的矛盾和弊端，唯一的出路就是要按"天下为公"的原则实现平等互利的国际合作。他寄希望于切实借鉴和运用中国文化的智慧和中国当今发展提供的经验，来实现这样的目标。诺兰教授的这种看法，应该说是一种真识灼见。而这些识见，在西方的学者和政要中也不乏其例。法国前总理拉法兰在接受新华社驻巴黎记者采访时说：中国通过提出"一带一路"倡议等方式推动多边合作，为国际社会树立了榜样，中国的长远目标和对时代需求的把握对于世界发展大有裨益。在一个将以创新为标志的世界中，我认为中国有一张了不起的王牌，就是源远流长而博大精深的中华文明。中国倡导的"一带一路"计划，是一个需要创新、需要建设、需要分享的伟大计划。中国在世界发出的声音，是平衡之声、多边合作之声，也自然而然是进步之声。西方有识之士的这些论见，值得我们一切致力于推进人类文明进步和构建人类命运共同体的人们充分重视和探讨。这也从一个侧面说明，当中国倡导的体现共商、共建、共享原则的"一带一路"国际合作发展方案一经提出，无论是在东方还是西方之所以如此迅速地深入人心的现实原因所在。

2017 年 9 月

让共享成为一种信仰

郑功成

　　借助资本的自由流动与技术进步、信息化的强大驱动，全球化正在形塑着新的世界政治经济格局。自 20 世纪 80 年代以来，中国、印度等一些发展中国家因融入全球化进程而获得了前所未有的发展机遇，数以亿计人口的生存境况获得了极大改善，新富阶层在快速成长，西方国家的资本家们也赢得了巨大的财富增长与积累机会。但世界作为一个竞技场，并未像托马斯·弗里德曼在《世界是平的：一部二十一世纪简史》的畅销书中所描绘的那样被"抹平"，相反却迎来了更趋激烈的区域竞争与较量。而长期以来只注重做大财富蛋糕而忽略同步分好财富蛋糕的取向，不仅没有缩小全球范围内的南北差距，而且扩大了一些国家的贫富差距，当今世界事实上进入了一个更加不平等的时代。保守主义、分离主义、极端主义及其导致的社会、政治问题在加剧，不同文明相冲突亦未见转向多文明趋向融合的迹象，这进一步暴露出了资本主义发展规律的固有缺陷与矛盾，并且已经构成了 21 世纪全球治理的重大挑战。

　　在国际社会一片迷雾时，中国的主张与方案却给世界提供了一个具有引领作用的正面示范，这就是在国内奉行共享发展理念并日益体现到具体的制度安排中，在国际上倡导构建人类命运共同体并通过"一带一路"建设等多个共建共享共赢的方案付诸行动。2017 年 9 月 11 日，第 71 届联合国大会通过关于"联合国与全球经济治理"决议，要求"各方本着'共商、共建、共享'原则改善全球经济治理"，强调"联合国应本着合作共赢精神，继续发挥核心作用，寻求应对全球性挑战的共同之策，构建人类命运共同体。"这表明中国主张的治理理念得到了国际社会的广泛支持，而支撑这些主张的正是中国有深厚传统的大同理想与共享意识。

在这样的背景下，我欣喜地提前拜读了卢德之先生的新著《论共享文明》，这是他在以往潜心研究资本与共享并不遗余力地倡导共享之基础上进一步凝练的最新成果。全书从新时代所遭遇的人类发展困境这一宏大主题出发，从古往今来、东西对照两个维度梳理了人类文明的发展谱系，以全球视角与独到见解提出了共享文明新概念，并从理论上赋予这一新概念以价值内核与外在形态。毫无疑问，这是对正在开创的伟大时代和日益高涨的全球共享诉求做出的积极的理论回应。该书将共享视为人类文明的价值原点与未来灯塔，通过祛除资本吸血的恶性和弘扬人性向善的本真，构筑了一个共享文明的理论框架，并提出了一系列促进共享和实践共享的主张，所反映的正是人类社会走向未来的正确方向，也是对当今中国奉行共享发展理念和当代世界构建人类命运共同体的合理诠释。在各种图书出版异常繁荣而思想日显贫乏、利己主义泛滥而共享精神式微、商业交易规则大行其道且侵蚀到政治社会文化领域的今天，以追求共享发展终极价值、探究人类文明创新发展为主题的《论共享文明》一书堪称一股强劲有力的清流！

回顾人类历史的发展进程，实质上就是经过历史沉淀、符合人类精神追求并被广泛认可与接受的各种文明不断交融、创新的过程。依历史而论，有农耕文明、工业文明及古代文明、现代文明之分；依地域而论，有中华文明、印度文明、西欧文明、斯拉夫文明、美国文明、拉美文明、非洲文明、西亚北非文明、伊斯兰文明、犹太文明之分，还有已经失传的中美洲文明（阿兹特克、玛雅）、尼罗河文明（埃及）、美索不达米亚文明（巴比伦）、印度河—恒河文明（印度）、安第斯文明（印加）；依制度而论，有以雅典为代表的古希腊城邦共和国民主制、拿破仑创设的民法典、俾斯麦创设的社会保险制度、荷兰人创立的现代金融制度与股份制，等等。每一个时代都会产生相应的文明，每一种文明都必定有其不朽的价值，都是支撑时代发展的人文精神和制度与公序良俗的结晶。当今世界的多姿多彩，不仅应当表现在文明的多样性上，也应当表现在能够产生引领人类走向美好未来的新文明上。塞缪尔·亨廷顿在那本风行世界的《文明的冲突与世界秩序的重建》书中曾指出，冷战后的世界冲突不再是政治意识形态和经济意识形态的冲突，而是文化方面的差异与不同文明的冲突，并预言在未来的岁月里，世界上将不会出现一个单一的普世文化，而是将有许多不同的文化和文明并存。他呼吁人们注意文明冲突的危险性，主张促进"文明的对话"。但事实已经证明，没有合作共赢和共享发展理念的引导，不可能形成公正的制度安排与普遍接受的全球治理规则，更惶论构建人类命运共同体。

《论共享文明》一书的问世，为重建全球治理规则和矫正失衡的利益格局提供了一块正义的理论基石。它提出的共享文明概念，既立足于数千年从未中断的中华文明之共享根基，又融合了东西方多种文化与文明之有益营养，所描绘的全球共享发展的美好未来，完全符合21世纪的人类精神追求，更为化解当今世界的矛盾与冲突、促进人类文明交融和未来社会发展提供了新思维。可以预料，它将会对新的制度文明的发展产生正向的引领作用。因此，这不仅是一位兼具智者胸怀与仁者情怀的中国人对人类文明发展的深沉的、博大的思考结晶，也是中国人对全球治理与发展所做出的难能可贵的理论贡献。我相信，这部饱含新时代思想性的著作必定能够走向世界，并产生超越一般学术著作的重大影响。

期望共享主张能够升华为被广泛认可与接受的共享文明，在全球范围内成为越来越多人的一种信仰！

2017 年 9 月 28 日

致　谢

推开窗帘，虽然是凌晨 5 点多，但秋天的北京却已是曙光初露了。我的第一个感觉是，昨夜的雷雨急骤，今天的晨风很好。借着晨光，翻开昨天刚刚完成的书稿，我的心绪像窗外的世界，明净而晴朗。

最近二十多年来，我总是在思考的一个问题：人类进入 21 世纪以来所面对的时代究竟是一个什么样的时代？人类正在面对的一切及其发展趋势究竟会怎么样？**我反复说过一句话，我是一个看世界的人，一个有些哲学情怀的人，一生就追求六个字"看清楚，说明白"**。是好事就一起分享，是困难就一起来担当。

现在看来，面对经济社会、科学技术的快速发展与进步，人类面对的一个重要问题是，尽管 16、17 世纪以来，传统的仁爱、自由、平等、宽容以及民主、法制等理念已经深入到了人类生活的各个方面，并以不同的形式反映到了不同的社会形态与意识形态之中，而在人类童年就已经形成的共享理念却始终在挣扎着发展。在几千年的人类文明发展中，共享的理念犹如地火般潜行，也被许多思想家所竭力探求，比如孔子向往的"大同社会"、柏拉图描绘的"理想国"，以及后来马克思、恩格斯所描述的共产主义等，都是一些美好的理想。即使是在中国这个拥有共享基因的国度，从"井田制"就开始在追求共享，其漫长的发展过程也是极其艰难而曲折的。**只有到了 21 世纪初，随着新技术的发展与应用，特别是由于技术上的支持，通过互联互通、即时交换、零边际成本等，深刻地改变了人们的认识与观念。与以往比较，人们在许多方面更能够产生被大众普遍接受的知识，更容易达成共识和共享价值，**

1

使共享以及共享发展真正地被推到人类社会发展的前台，逐渐成为一种主流意识与社会共同追求。

我思考问题时，**历史是参照，现实是基础，未来是准星**。人类的哲学思考不仅要说明世界本原是什么，更要说明世界变化的规律与未来是什么。基于此，我认为，这是一个需要理性的时代、一个需要批判的时代，更是一个需要人类理性地思考经济与科技、资本与财富、道德与幸福等因素，进而通过共享发展成果用以改造和推动人类社会发展的时代。从根本上说，这是一个需要新文明，也一定能够产生新文明的新时代。

而且，这个新文明就是来自世界不同文明中的共同价值文明，并在此基础上有机聚合而成的共享文明。这是一种人类精神，一种至善的人类精神——人们把共享作为社会生活的重要形态与个人价值的重要实现方式——既是人类远景，也是人类的近忧。当然，这不会是一种人为的设计与安排。人们也很难用被人为安排的一种方式去建构自己的生活。作为共享文明的基础，人们现实生活中的共享生活形态，比如逐渐发展起来的共享经济、共享单车、共享住房等具体共享形式，只有成为人们内心的价值选择，并与社会公共的制度体系相适应时，才会真正显示出人们所向往的美好生活场景与对未来的期待，人类所构建的文明才会是共享文明。所以，共享既是目的与手段，又是人们对未来的理性表达与追求。共享是有规定性的，一是社会原则，二是未来原则，三是向善原则，四是可持续原则。因此，共享是应验的，也是超时间的，是一种"应当"，与自由一样可爱。特别是在当今世界，共享以及共享文明是一束破开迷雾，重新照亮世界的光芒，驱走了黑夜与寒冷，为人类社会的明天打开了美好的前景。因为共享与共享发展而形成的共享文明逐渐崛起，我更加相信人类不仅拥有一个美好的未来，也一定能够共同实现这个美好的未来。我知道，面对现实种种，我始终是一个立足现实主义的理想主义者。

我也非常清楚，人类社会发展的大势是可以展望的，也是可以预测的；人类社会发展往往又是开放的，充满偶然性的，所以展望与预测也是非常困难的事。但是，我也清楚地知道，社会发展的关键是形成一种顺势发展的大势，一要体现规律性，二要体现必然性，三要体现引领性，而且这一切的共同指向，才可能是人类社会的真正方向。今天，共享已经成为全球发展的一大趋势，而且世界已经迈出了走向共享的步伐，而中国正在以自己的经验与理想把共享发展的理念转变为现实生活。所以，我为自己的思考、探索感到欣慰。我认为，人类社会发展需要资本与资本精神，我把思考的收获写成了《资本精神——人类文明协同发展的力量》。在此基础上，我认为，人类的发展必须以共享为目标，并从中国的发展中得到了启发，进而写成了《论资本与共享——兼论人类文明协同发展的重大主题》。在两者的基础上，我看到了人类文明对人类社会发展的基础性与决定性作用，于是把思考写成了这本《论共享文明——兼论人类文明协同发展的新形态》。**这三本小册子构成了我对资本、共享与文明的多重思考，由于主题高度一致，也集中了我多年的持续性思考与探索，所以我把三本小册子并称为"资本与共享三部曲"。**尽管我是一个爱思考的人，但思考的面还需要不断拓展；尽管我不能保证独立思考的深刻性，但我所有的思考都是真诚的、善良的。在这本《论共享文明》里，我主要围绕人类社会与人类文明的时代性与发展性，重点讨论了与共享文明形成和发展有关的突围、融合、价值、超越、未来和方案等六个关键概念及其内涵与意义。**我希望把共享与共享文明作为现代科学来研究，通过质疑、独立、多样等研究方法，研究共享与共享文明的内涵、组成、方法、因果及其与人类社会发展的关系，并通过实证来确认共享与共享文明的发展趋势和内在价值对人类社会发展的作用与意义。**我也希望我的思考能为前行的人留下有人走过的痕迹，或者能给前行的人带去一些温暖与慰藉，那就是我所期待的了。我也真诚地欢迎大家就我提出的问题与观点给予理性的批判与对话。马克思曾经在致恩格斯的信中说道："每个小学生都知道的东西，即真理通过论战而确立，历史事实从矛盾的陈述中清理出来。"① 当然，我提出的观点谈不上是真理。我曾经说过，我没有能力追求一个独立的思考体系，但我希望用中国的思想元素与中国的当代实践去丰富面向 21 世纪发展的理论创新，我希望自己始终保持开放的姿态（当然，我思考的问题本身就是无限开放的），既回归历史又面向未来，并且不断超越自己，让自己个性化的思考总结出一

----

① 《马克思恩格斯全集》（第二十八卷），人民出版社 1973 年版，第 286 页。

些"常规范式"，而且不断加以完善，如果因此能为社会和人生贡献一点独立的认识与体会，既可有"向往之心"，也可有"效仿之行"，那也是我所追求与期待的价值和意义。

所以，值此《论共享文明》出版之际，非常感谢长期关心、支持我为此思考与探索的人们。感谢老领导蒋正华先生、李金华先生、王茂林先生等。

感谢我的导师唐凯麟教授和学术界、公益界的朋友万俊人教授、郑功成教授、唐钧教授、李建华教授、徐永光先生、王振耀先生、马蔚华先生、王名教授、牛根生先生、王爱平女士、周秋光教授、江明修教授、刘选国先生、邓国胜教授、金锦萍教授等。

感谢我的外国朋友亨利·基辛格博士、吉洪神父、佩吉·杜拉尼女士、潘基文先生、亨利·保尔森先生、比尔·盖茨先生、陆克文先生、莫里森先生、乔赛特·希兰女士、罗伯特·巴奇校长、理查德·L.爱德华兹先生、托尼·塞奇教授、杜托文先生、梅丽莎·波曼女士、瓦莱丽·洛克菲勒·韦恩女士、斯蒂芬·汉兹先生、杰拉德·萨罗利博士等。

感谢华民慈善基金会、卢佳祥慈善基金会全体工作人员及华民资本集团全体员工所付出的辛勤劳动。

感谢滕文生先生、郑功成先生为本书撰写了序言。感谢东方出版社为出版该书所付出的辛勤劳动！

同时，深深地感谢我的家人！

掀开门帘，外面就是清风吹拂的绿树、青草。共享堂是北京城里非常典型的古老的四合院，这里沉淀着丰富多彩的中国文化与中国文明元素。在我心里，共享堂连接着中国价值，也连接着世界价值。所以，坐在共享堂思考古老而新颖的共享思想与共享文明，是我人生的快乐与生命的超越。正如清晨的风迎来的是明丽的阳光，共享理念和共享文明一定能够描绘出人类社会与人类文明发展最美好的明天。

这是我的愿望。这是人类的期待！

晨风阵阵，金色的阳光照射着共享堂。瞭望长天，心接千载。此时此刻，祝福阳光普照的北京，祝福共享发展的中国，祝福共享文明照耀的人类世界！

卢德之

2017 年 9 月 30 日

定稿于北京东城区西总布胡同共享堂

目 录

新时代与新文明

　　马克思、恩格斯当年所研究发现并深刻描述的"共产主义的幽灵"在欧洲徘徊、在世界发展 170 年后的今天，一种新的人类文明——在传统人本主义、社群主义、整体主义、共产主义等以往文明理念与实践基础上超越、创新而形成的共享文明，开始在我们生活的这个世界"徘徊"。

　　人类进入 21 世纪以来，随着国际社会间政治、经济、军事、文化、科技、外交等力量的博弈发展，人类社会走到了一个面临前所未有的选择的十字路口，原来许多清晰的概念、坐标、边界、体系等开始模糊，甚至已经发生了巨大改变。面对这种广泛而深刻的世界变局与发展转型，人类在接受不断创新的技术推动的同时，更需要思想理论上的创新——用以解释超越与发展的新的理念与价值体系，需要从以往人类全部文明中寻找发展的智慧和行动的力量，让世界找到一个良性发展的方向、一个坚定的原则。

　　幸运的是，而今的人类社会没有像以往转型那样经过漫长而艰难的探索，就从茫茫长路上发现了可以前行的方向。特别是随着传统计算机的 CPU、存储芯片、网络、传感器等关键部分在 21 世纪初合为一体，形成了大数据、物联网、人工智能、区块链等发展所需要的重要基础——"云计算"，人们从此可以在一个共享平台上完成以前梦想完成的生产、交易、支付、管理与服务，人类文明的新形态——共享文明的"普照的光"①也随之升起。而且，共享文明首先在互联网、微信支付等新技术领域出现，从共享消费、共享经济起步，进而很可能在一个群体或者一个地区、一个国家引领发展的基础上，进一步拉开21世纪人类共享文明的发展进程。比如人们现在通过微信世界建立的数字化社会关系，就是一种典型的共享方式与共享文明形态。现实告诉我们，人类社会已经进入了一个新的发展时代。

尽管如此，我们在看到新时代、新技术、新文明等向好发展的同时，也应当看到的是，面对以互联网、即时通讯、微阅读、网上社区等作为新工具而形成的碎片化世界，人们将如何坚持理性与真相，如何把握社会万象与时代脉搏，如何平衡人们内心期待与现实矛盾等，都已经成为当今人类不容回避的重大问题。

共享与共享文明的崛起让人类看到了新的希望，看到了人类从不同文明走向共同真、共同善、共同美的方向。从目前的情况看来，共享文明既是一种新兴的协调和处理资本与劳动、效率与公平、贫困与富裕、权利与义务、整体与个体等矛盾的现实价值，也预示了人类文明的一种新兴走向——**一种融合不同文明的内核，寄予不同文明的共同价值、理念与追求而形成的一种"超文明"（非史前高度文明）——一种不是建立在破坏与重建基础上，而是建立在融合与超越不同文明基础上的、神圣的"超文明"——**一种由不同文明共同构建的、面向未来、面向全人类发展的人类文明共同体。所以，共享文明才可能让人们充满期待，拥有强大的感召力，不断消除思想上的困惑与疑虑——深刻地回答全世界进入现代社会中所面对的传统与现代的冲突、科学与人性的矛盾、社会阶层的分化、民众权利意识的增强、社会发展与不平等和不平衡的矛盾、社会公正的追求等，以及由此推动人们思想观念的变化与进步——从而推动人们不断达成广泛的共识，更好地肩负起历史的责任，成为推动共享文明发展的引领者、建设者和贡

---

① 这里所说的"普照的光"源自马克思的《〈政治经济学批判〉导言》："在一切社会形式中都有一种一定的生产决定其他一切生产的地位和影响，因而它的关系也决定其他一切关系的地位和影响。这是一种普照的光，它掩盖了一切其他色彩，改变着它们的特点。这是一种特殊的以太，它决定着它里面显露出来的一切存在的比重。"

献者。

当然，共享不是人们因理性认识世界而设计的彼岸世界。**共享作为人类文明的价值原点，首先来自自然的启迪。**自然秩序中的共生、共存所展示的和谐与蓬勃生机，正是自然世界的现实共享形态。人类与万物同样来自于自然的发展。自然所昭示的共享，为人类描述了此岸世界。所以，人类在既关注生命需求的同时，也在关注着现实生活中的人类本身。人类所要构建的现实的共享世界需要物质基础、需要技术支持、需要可持续的创造力，更需要人性的基础、需要人的德性。也就是说，共享的基础既来自现实的物质世界，也来自人的内心世界，来自人的价值追求与道德完善。但是，最容易出现困惑的也是人们内心的道德感，共享也因此需要来自社会发展的体制与制度加以规范与限定。因此，共享理念和共享文明更需要发挥人们丰富的创造性与想象力——既需要人本主义意义上的共享文明，也需要生态主义意义上的共享文明，需要共同关注全部生命与非人类存在物的生存和发展。**人类主义也因此而突破了以往宇宙主义、世界主义或全球主义等时空领域的限制，在 21 世纪初再度把人类放到发展的核心，成为构建人类文明共同体和人类命运共同体的重要理论基础。**所以，新文明需要深刻的人性逻辑、资本逻辑、制度逻辑、文明逻辑，需要人们的理性追求，更需要人们积极的行动。

因此，大变局中的人们总是会深情地回望历史、回望文明，在比较中扬弃，在融合中超越，在创造中发展。所以，总会出现许多新的思考、新的理念、新的思想。这是一种社会发展现象，也是一种社会发展规律。所以说，"人类社会每一次重大跃进，人类文明每一次重大发展，都离不开哲学社会科学的知识变革和思想先导"[①]。**哲学从来就是一切科学的科学。哲学就是一口古井，面上无波，深处却是波涛汹涌。于无声处听风雷。**中国春秋战国时代的"百家争鸣"如此，欧洲文艺复兴运动、启蒙运动如此，当今的世界发展也会如此。比如 2013 年以来，中国创造性地提出了"一带一路"全球发

---

① 习近平:《在哲学社会科学工作座谈会上的讲话》，新华网 2016 年 5 月 18 日。

展倡议和"构建人类命运共同体"① 的伟大构想等，虽然这是中国的倡议，体现的却是人类的整体价值。人文精神永远是照耀人类世界的灯塔。从本质上看，可以说是中国在 21 世纪推动的一次全球性"文艺复兴运动"，也可能是近千年来人类社会最深刻的哲学革命和思想创新，其核心就是呼唤人类从构建人类利益共同体到构建人类命运共同体，进而构建人类文明共同体，推动人类文明进入人类童年时代就向往的"大同社会""理想国"所追求的普天下之均可享有的共生、共建、共享发展的历史进程。**共享是中国文化、中国文明体系中最基本、最典型的民族基因、国家记忆与国家印记。共享不是幼稚病式的"精神返祖"，而是人类伟大价值、伟大文明的历史表达与现实追求的统一。中国自古以来就是一个以自己独特的文明理念与方式发展起来的东方大国，今天依然是一个以不同于西方方式在 21 世纪实现经济社会全面复兴的文明大国。**所以，我们可以想象的是，古老而传承至今的中国文明将会以其从早年就形成了的文明共同体与命运共同体的历史经验与现实传承，为 21 世纪人类文明发展作出新的贡献。

人类面向未来，需要勤勉，需要智慧与远见，更需要哲学情怀与哲学思考。所以我认为，一个时代有一个时代的成因，一个时代有一个时代的使命，一个新的时代必然拥有一种新的文明。没有创造、形成和发展新文明的时代不会是一个新时代。人类应当以既往文明为基础，站在人类文明发展的制高点上，发挥强大的思想理论创造力，发挥科学技术与人文思想的创造力，揭示出一个新的时代、一种新文明形态。从这个意义上说，人类已经被新兴科技、可持续发展要求与文明内在逻辑等形成的综合力量推到了更高级的新文明的入口。而且，如同解决中国问题的思想、思路只能建立在中国

---

① 2013 年 10 月，在周边外交工作座谈会上，习近平第一次提出："让命运共同体意识在周边国家落地生根。"此后，习近平在国内外多个场合深刻诠释"命运共同体"，向世界传递对于人类文明走向的中国判断。2015 年 9 月，在联合国成立 70 周年系列峰会上，习近平全面阐述了打造人类命运共同体的主要内涵——建立平等相待、互商互谅的伙伴关系，营造公道正义、共建共享的安全格局，谋求开放创新、包容互惠的发展前景，促进和而不同、兼收并蓄的文明交流，构筑尊崇自然、绿色发展的生态体系——"五位一体"的清晰脉络，形成了打造人类命运共同体的总布局和总路径，描绘了国际关系发展的美好前景，成为中国特色大国外交理论创新的重大成果。

文化、中国国情与中国共享文明基础之上一样，解决世界问题也只能是国际社会在不同文化、不同情况、不同文明基础上所形成的共享文化、共享文明。共享文明是共享文化的发展形式。共享文明才是人类社会赢得今天与未来的重要基础和指引性方向。虽然由哲学而来的经济学强调的是个人效用最大化，但它从来都是重视协作、重视合作，不主张单枪匹马、独闯天下。所以，只有当21世纪人类社会所表现出来的共享追求与实践真正成为一种新的人类文明——共享文明时，人们才会勇敢地面对复杂转型的变局，不断追问和把握人类发展的本质，处理人与人、人与自然、人与社会之间的深刻关系，即使身在喧闹躁动之中依然能接近安宁的价值选择。只有如此，21世纪的人类才会真正进入一个新的世纪；只有在共享文明的照耀下，人类社会的现实道路与未来发展才会更加美好。**这是人类世界的现实麦穗，也是人类未来的彼岸花朵。**

　　人类为此奋斗！我们为此奋斗！

第一章

突围：人类的困境与共享文明的崛起

现在，无论是东方还是西方，谁都不会否定的一个事实是，人类世界已经处在一个前所未有的大变局之中。从总体上看，今天的世界已经不再是几个西方国家在推动工业化、现代化发展，而是几乎所有的国家在人工智能、量子科学、基因编辑和新材料、新能源等技术的推动下，共同走上了西方国家已经走在前面的这条互联网引领的高新技术发展道路。而且在新技术经济推动的新发展形势下，再也不是几个西方国家在那里按自己的意志左右世界的各种权力，而是几乎所有的国家都在寻求共同的原则，站在现实与未来的角度挑战任何权威，探求更好的人类发展道路。因此，原来的许多理念、价值观、制度设计等都有可能不那么适应这种全球性大变局了。世界需要真正意义上的大转型，世界必须进入一个全新的发展时期。

其实，**人类社会进入 21 世纪以来，国际社会所发生的重大事件中至少有四大事件证明了这种转型的全局性、深刻性与震撼性**：一是 2001 年美国纽约发生的"9·11 事件"，把美国从"冷战"结束后的乐观情绪中拉回到变化了的现实世界，美国为此所采取的一系列措施，包括反恐战争等，不但没有达到预期目的，反而使新的斗争更加复杂化，世界立场与形势也因此发生了重大变化；二是 2008 年由美国次贷危机所引发的全球金融危机，这次百年不遇的危机因美国金融问题而起，迅速扩大到了世界各地，随之而来的是许多国家出现主权债务危机、经济增长陷入困顿等，以致九年后的今天，整个世界还没有走出这场危机；三是 2011 年中国经济总量首次超过日本，成为仅次于美国的世界第二大经济体，此后中国经济一直保持着稳健的增长，而西方社会整体力量却呈现下降趋势，中国被推向世界发展的中央舞台，由于中国是一个发展中大国，又是一个社会主义国家，中国的崛起带给世界的将是更加丰富而深刻的影响；四是 2016 年以来西方政治经济所出现的重大转向，无论从菲律宾的杜特尔特到英国"脱欧"，还是从美国的特朗普到法国的马克龙，从德国的"另类选择党"到意大利的"五星运动"党等，都是典型事件。一切仿佛让人们既清醒又迷糊的是，世界是否正在脱离西方国家主导的运行了四十多年的新自由主义全球化轨迹呢？如果退出了新自由主义全球化，世界又将以怎样的经济方式与社会理念向前发展呢？**也就是说，这四大事件可能影响世界 21 世纪的基本走向，至少影响 21 世纪前 50 年的发展方向。**

与此同时，我们也已经看到全球范围内出现的三个重大变化：第一，进入 21 世纪之后，世界经济增长、国际贸易、国际投资、国际金融以及产业结构大调整等经济格局，已经在 20 世纪 80 年代以来的发展基础上出现了全新的变化；第二，科技革命，特别是以互联网为基础的高新技术，在以跨国家、跨体制、跨产业、跨价值观等方式推动新一轮经济全球化与世界多极化加速发展的今天，由于一些发达国家出于自我优先原则而采取贸易保护主义等措施，迫使最近几年来的国际经济格局出现了许多重大变化，并对世界各国发展都产生了不同程度的影响，世界经济发展进入重大方向与措施调整期；第三，由于以上两个方面的持续作用与深远影响，西方主导了二百多年的世界发展方式，在 21 世纪第二个十年后期可能出现新的情况，甚至走向衰退——同时，由于世界各国经济发展的相互依赖性日益增强，以及全球经济社会命运共同体发展方式日益深入人心，传统的以战争方式解决矛盾与问题的压力显然减轻了，共同面对和处理问题的方式将会越来越被世界所采用。

虽然同一个国家、同一个地区存在不同的关系，但已经从整体上影响到了人类本身的发展。现在的问题是，世界为什么会出现如此全面而深刻的变化呢？

人类发展正面临有史以来最严峻的两大困境

人类发展从来就不是一帆风顺的，总是在与困难斗争、不断从困境中突围而逐步发展与进步的。进入 21 世纪以来，人类社会在保持持续发展趋势的同时，也面对着日益复杂的挑战，其中两大矛盾已经成为可能是人类有史以来最严峻的问题，而且使人类发展陷入有史以来最严峻的困境。

第一，人的灵与肉的矛盾。从理论上讲，一个人的灵与肉应当是统一的、协同的，只有这样，这个人才算是一个正常的人、一个清醒的人。但大多数情况下是，人们几乎在巨大的原则、价值、利益、权力等综合问题面前迷失了方向，最突出的表现是，人的精神状态与物理状态更加分离，至少没有理论上那么协同统一。因为大家知道，人们现在的生存模式、经济方式、交流方式日益一体化，真正到了生命与共的时代。总体特征则是，你发展也可能带动我发展，你受损也会连带我受难；你让我难受，我也会让你不好过；你要灭亡我的一刻，我也能灭了你。这些相互联系说明了什么呢？说明人类的行动已经日益一体化、日趋一致性了。也就是说，人们的行为日益一致化了，行动也日趋一致性了，但我们的灵魂却疏离着；虽然脚迈向了自我中心的领地，各自的灵魂却没有同时走出来，因此不能更好地面对应当共同面对的问题。具体来说，由于主体不同，由于人与自身、人与人、人与社会，以及地区与地区、国家与国家、国家与世界等不同主体内在的灵与肉之间的矛盾，特别是灵魂深处的愿望、追求与现实没有协同起来，在思想认识、价值选择等方面也没有取得更多的共识，这就不可避免地引发并带来了人与自身、人与人、人与社会、人与自然，以及不同国家、不同地区、不同人群、不同利益集团之间的矛盾，这种矛盾不可避免地给人类发展带来了严重的困扰。比如，全球财富增长速度日益加快，与此同时发生的是，全球贫富国家的人类发展差距不仅没有缩小，反而正在日益扩大。特别是撒哈拉以南的非洲国家由于自然条件、科技水平、资源禀赋等方面问题的限制，发展一直处于停滞不前的状态，而其他地区的国家都在发展。在人类发展处于低水平的31个国家中，撒哈拉以南的非洲国家就占了28个。人类发展指数排名第一的挪威比排名最后的尼日尔人均富裕程度高出40倍，人均预期寿命则高一倍。随着国与国之间在市场、资本、技术、人力资源、政治、价值体系等领域的博弈日益深化，人类创造的财富与人类发展不平等的矛盾也变得更加突出。如何扭转这样严峻的不平等趋势呢？这是所有人都应该思考的问题。

世界整体形势如此，那么作为世界重要一部分的中国也面临同样严峻的挑战。中国自改革开放以来，随着社会主义市场经济体制的确立，通过市场、资本的逻辑与权利意识的发展，人们所拥有的物质成就早已融入到日益完善的经济活动与经济体制之中，但人们又普遍地感觉到了精神的迷惑，于是回头从传统文化体系中寻找精神的寄托与力量，其深刻的原因就是要在市场经济获得长足发展的同时，让世道人心能够从传统文化里得到调和与安顿，让人们的灵魂与肉体融合为一个有机的整体，进而更好地往前走。在这个问题上，我始终认为，一个人的灵魂与肉体应当统一，一个国家、一个时代也应当如此，这样才会拥有发展的前景。尽管很难做到，但是我们必须朝着这个方向努力。

第二，人与人的创造物的矛盾。应该说，人类在漫长发展过程中一直在与人的创造物博弈。与以往不同的是，今天随着以互联网为基础的大数据、智能物联技术、机器人技术、生命工程技术等所谓"数字全球化"的超越式发展，以机器人、智能制造代替人的劳动作为典型代表，人类将由此出现许多深层次的矛盾与问题。特别是科学主义、科技产品对人类生活和人文主义、人文精神的压抑与侵占，使人类又一次陷入了自我发展与自我受缚的困境。同时，人们又太过于相信经济和科技的力量，而且有意无意地表现出把社会制度和人文观念的进步放在次要的地位，从而造成人们思想上的困顿、方向上的模糊，加之世界上不同文明尤其是东西方意识形态方面的固有矛盾与博弈，进一步凸显了世界文明发展的重大缺陷。所以，我甚至认为，这是一次人类在思想上还没有准备好的科技革命，出现复杂的矛盾与问题自然就难以避免。

从现实来看，机器人将以更快的速度取代许多人的劳动岗位，失业将成为许多人的社会风险。根据麦肯锡 2016 年底的预测，到 2055 年全球大约一半的工作活动会实现自动化，在 60% 的工作中，有 30% 的组成任务可能会被机器人接管，5% 的工作会实现完全自动化。三分之二的美国人相信，用不了多久，现在需要人类才能完成的工作就会由机器人去完成。另据英国《新科学家》周刊网站 2017 年 5 月 15 日报道，麻省理工学院传媒实验室的伊亚德·拉万及其团队通过研究最易受自动化影响的职业及其在美国不同城市中的分布，发现城市规模与人工智能和机器人对人类劳动者的影响之间的关系是：机器人代替人工将始于小城市，乡镇和小城市能够抵挡住自动化影响的就业岗位的比例低于大都市，常住人口在 10 万以下的城市面临的风险更高。① 不管发展速度如何，人的工作岗位如果越来越多地被机器人取代，人将如何自处呢？

所以，人类社会将因为科技发展而出现一些人失去就业机会从而成为"多余人"的问题，人们自身的生存与发展将面临越来越深重的危机。造成这种矛盾和问题的原因十分复杂，其中科技发展无疑是一个重要原因。

科技是人类智慧、人类劳动的重要结晶，是人类创造出来并为人类发展服务的。现在，科技给人类带来无穷益处的同时，也把人类带进了严峻的科技困扰之中。人类将如何面对如此深刻的、自己亲手制造而且不得不继续推进的矛盾与问题呢？比如，科技发展的目的到底是什么呢？一定要以更多的人不断地失去劳动机会为代价吗？目前看来，人工智能制造是不是在一些方面逐渐背离了基本的社会发展伦理与人类发展方向呢？

我认为，21 世纪的科技创新速度太快了。比如，1999 年微软创始人比尔·盖茨在他的《未来时速：数字系统与商务新思维》一书中，对未来作出了包括比价网站、移动设备、即时支付、在线融资、网上医疗服务、个人助理、物联网、在线家庭监控、社交媒体、自动优惠促销、体育赛事直播论坛、智能广告、电视直播将提供网站链接、在线讨论板块、基于用户兴趣的网站、项目管理软件、在线招聘、企业社区软件等方面的大胆预言。刚刚过去 18 年，他的大胆预言几乎全部变成了现实。这说明了什么呢？说明科技的腿太长了，跑得太快了，早已超越了人类的思想认识、社会价值与生活准备。也就是说，**人们自己还没有做好准备，甚至没有任何准备，人的创造物却跑到人类的生活之中发挥了复杂的影响——有的促进了人类的进步，有的则让人类陷入了自我发展的困惑之中**。比如，科技发展的替代就业与普通员工就业困难之间的矛盾，科技创新及其资本、技术所有者获取的高额收益与普通劳动者收入相对下降而形成的贫富差距日益扩大的问题等。人们应当深思的是，科技是硬的、是冷的，而人是热血之躯，拥有情感寄托与归宿。人类生活向往和追

---

① 参见《机器人替代人工对小城市就业冲击更大》，参考消息网 2017 年 5 月 18 日。

求日益丰富的衣食住行，还需要美好的自然环境、健康的体魄与温暖的内心世界。而现实的情况是，科技发展与人的外在需要的联系日益紧密，与人的内在需求之间的距离却越来越远。科技发展显示出其与资本发展一样的缺乏，那就是缺少伦理与价值的约束和限制，特别是在一些狭隘而扭曲了的利益导向的推动下，在以强凌弱的带着占领性质的市场文化之下，人的创造物在科技伦理与生命伦理面前，呈现出一种超越人本身发展的趋势，人从主动地位变成了被动对象，人的创造物反过来占据了人的主导地位，人受到了来自人的创造物的不断挑战与挤压。科技的快速发展转而成为一个原因，使人在人的创造物面前陷入了前所未有的困惑之中。那么，**在一定的综合情况下，人文发展是不是比科技发展更为重要呢？背离了人的发展与进步、健康与幸福，科技发展的价值又在哪里呢？科学发展没有止境，前提是有利于人类社会的发展与人类文明的进步。不尊重这个前提，科学发展的价值也就失去了基本的意义。**

为此，人们应当警觉的是，科技发展的速度已经超越了人类的许多基本认识，倒逼人类冷静下来，好好反思和处理人文与科技的关系。人类要发展，自然需要推动科技发展，但也要防止快速发展的科技转而变成压迫人本身发展的工具。人类应当始终坚持的原则是，科技不能脱离人文，更不能成为左右人的发展的工具，科技发展的目的是人的发展，科技发展只是人的发展的手段与方式，而不是目的。如果科技发展把人推向非人的发展，推向改变人的生理与心理结构的发展，那将是科技的悲哀，也是人类的悲剧。

对此，人类必须付诸现实的行动。

全球经济社会发展面对日益严峻的四大博弈

正是因人类至今还没有共同正视和处置上述两大困境，进而使全球经济社会发展出现的四大博弈形势更加严峻。

第一，资本利益与劳动效益之间的博弈。从历史上看，人类的劳动、资本、权利等三大利益原则决定着社会生产的效率与水平。同时，人类社会的劳动利益机制、资本利益机制、权利利益机制构成了人类社会存在的三大利益驱动机制。所以，劳动、资本、权利始终是人类发展的重大问题。如何对待并处理好三者之间的关系，决定着社会发展的体制与机制特征。不过，人类社会在现实发展中一直都被这三者困扰着，很难平衡和妥善地处理好三者之间的关系。时至今日，特别是在金融资本以无度的方式追求利益最大化，财富增长如此快速的经济社会条件下，人类劳动效益不但没有相应增长，反而日趋下降。正如托马斯·皮凯蒂在他的《21世纪资本论》①中所说的，现实世界里，人们的劳动回报永远跑不过资本的回报。也就是说，社会资本回报率远高于劳动回报率，以及平均的实际经济增长率。除了世界大战等非常规影响因素缩小不平等差距外，财富分配一直以来都是向少数富人阶层聚集，50%的国民收入都来自于前10%的收入者。他通过比较，在研究了最近两百多年来主要国家的历史数据后认为，资本已经成为创造财富的重要资源与手段，拥有资本的人得到财富的方式与速度相当快，甚至可以不再参与劳动，这一切反映了资本的恶以及由此而造成的日益严重的收入不平等。所以，应当通过创新税收制度等方式加强对资本的再认识，强化对财富的再分配，以此来缓解日益加剧的分配不公、贫富悬殊等问题。据有关报道，中国A股上市公司巨力索具，该公司实际控制人及其一致行动人杨氏家族从2013年以来，已累计进行了超过40次减持，套现金额超过26亿元！相当于该公司最近四年累计净利润1.5亿元的17.33倍，刚好相当于上市公司2016年净利润的126倍！这就是说，如果仅靠公司的业务经营分红，即使大股东拿走100%的分红款，在不考虑纳税的情况下也需要126年，即使从大股东出生当天公司就开

①《21世纪资本论》（*Capital in the Twenty-First Century*）是法国经济学家托马斯·皮凯蒂（Thomas Piketty）在2014年出版的专著。托马斯·皮凯蒂认为，近几十年来，世界的贫富差距正在严重恶化，而且据预测将会继续恶化下去。当前在美国，前10%的人掌握了50%的财富，而前1%的人掌握了20%的财富。现有制度只会让富人更富，穷人更穷。皮凯蒂认为，我们正在倒退回到"承袭制资本主义"的年代，也就是说未来将进入前所未有的"拼爹时代"。该书用大量历史数据对当代资本主义制度的合理性提出了极大的疑问。这部近700页的严肃学术著作，自2014年3月在美国上市以来，短短一个月就卖出8万本，连续数周雄踞亚马逊排行榜第一名，被媒体称为是向马克思《资本论》致敬的一部重要著作。该书中文版译者为巴曙松、陈剑、余江、周大昕、李清彬、汤铎铎等，中信出版社2015年1月出版。

始盈利，他需要活 126 岁才能积累到这笔财富。资本收益率的畸形发展已经到了多么惊心动魄的程度可见一斑。所以，**在这样畸形的资本效益逻辑之下，全球经济越发展，不平等的问题就会越恶化**。这让我想到了法国当代著名哲学家哈贝马斯所揭示的："我们的民族国家就单个而言，已经太过弱势，无法在各自的角落里独自守卫我们自由的生活方式并施加影响力，无法在政治层面上改造这个已经变得疯狂的金融资本主义。"[①] 但是，现实生活中，资本往往是富人的游戏，劳动则是普通人生存与发展的需要。所以，面对资本利益最大化与劳动效益日益萎缩之间的矛盾与博弈，人们需要妥善地加以处理了。特别不好改变的是，缩小贫富差距是一件困难的事。世界各国的经验都表明，收入差距的扩大比较快，而缩小却是一个相当漫长的过程。

第二，经济全球化与贸易保护主义之间的博弈。这里所说的经济全球化大约始于 20 世纪 80 年代，由美国等西方国家推动。国际货币基金组织曾经指出，经济全球化是指"跨国商品与服务交易及国际资本流动规模和形式增加，以及技术的广泛迅速传播使世界各国的相互依赖性增强"。经济全球化推动货物、资本和劳动越来越自由地流动，使发达国家通过更为自由的对外贸易和更加广阔的投资渠道获取了巨额现实经济利益，同时为发展中国家充分利用两个市场、两种资源提供了条件。发展中国家拥有大量的资源、廉价的劳动力以及广阔的市场等具有比较优势的生产要素，通过与发达国家的合作，使得这些要素得以充分发挥作用，同时也促进了发展中国家资源优化配置，进而推动其经济的发展。而贸易保护主义则是 2016 年下半年以来，一些西方主要国家所采取的一种全球经济新策略。**主要原因是全球化和技术进步造成了世界经济社会的巨大鸿沟，并且进一步加剧了整个西方社会的不平等，财富分配上的差距也随之日益扩大**。而贸易保护主义的内在本质是，西方金融寡头和西方国家为追求超额资本利润而积极推动经济全球化之后，为了自身经济利益而关门建墙，推行贸易保护主义政策。这种贸易保护主义与以往的贸易保护主义一样，任何一项经济政策都可能会影响到一国的收入分配格

---

① 参见《哈贝马斯谈法国大选：法国共和国史上的一次断裂》，澎湃新闻网 2017 年 4 月 21 日。

局，因而不同社会阶层或利益集团对此会有不同的反应。21世纪西方国家所采取的这种贸易保护主义目的性更加鲜明，因而具有更大的强制性，受约束的范围更广，表现形式也更加多样。最有代表性的是，特朗普自从当选美国总统后，就立刻粉碎了缔结重要贸易协议的希望，而且发誓要对进入该国的进口商品设立森严的贸易壁垒。他就任美国总统后就以"美国优先"为口号，立即把贸易保护主义付诸行动。我们知道，20世纪80年代以来，贸易自由化一直是全球经济增长和繁荣发展的一大驱动因素。如果西方主要国家逆反三十多年来的发展趋势，退而采取重大保护主义措施，将不可避免地损害全球经济发展的前景。从金融角度来看，如果西方国家的保护主义政策触发资本快速流动，其影响就很可能在相对脆弱的各国金融体系中迅速扩散，并造成极大破坏。从产业发展上看，美国转而积极发展智能制造、新能源、生物技术等高附加值制造业，英国重点发展超低碳汽车、生命科学医药以及尖端制造业，法国政府建立战略投资基金，用于发展能源、汽车、航空等战略性产业等，加快从要素驱动向创新驱动转变，让核心产业链与核心技术链协同发展，并在此基础上建立起新的贸易保护主义，无疑会进一步激发发展中国家对经济全球化的期待与西方发达国家实行的贸易保护主义之间的博弈与矛盾，而这一切对发展中国家来说，将是更加严峻的挑战。

第三，不同社会经济制度之间的制度博弈。社会制度是社会的经济、政治、文化等制度的总称。社会制度的基础是经济制度，即一定的生产关系的总和，其中主要是生产资料所有制形式。社会制度还包括由经济制度所决定，并为它服务的政治、文化等上层建筑中的各种制度。不同的社会制度，体现着不同的社会性质。人类社会发展过程就是一个不同的社会经济形态不断博弈、超越、发展的过程。比如从14世纪到17世纪，萌芽状态的资本主义就是在与封建主义进行了长期斗争之后才得以发展起来的。到20世纪，资本主义才进入全盛发展时期。从20世纪初开始，随着社会主义的出现与发展，世界又进入社会主义与资本主义博弈、发展的时期。其中一个最突出的问题就是如何对待资本与多数人的问题。

我们知道，资本伴随着人类的劳动在人类社会发展的初期就已经产生了，但那时候的资本很少，人口不多，享受资本的人自然也不多。后来随着资本不断发展，财富逐渐增多，人口也逐渐增多，越来越多的人从资本发展中受益，越来越多的人享受到了资本发展带来的财富。所以，从总体上看，资本和多数人之间应该有一个正比例的逻辑关系。尽管如此，这种正比例关系往往表现出十分复杂的状态。比如，传统的社会主义比较强调多数人，但是不太重视资本。马克思当年所说的那个社会主义，是一种必须建立在高度发达的资本主义基础上的社会主义。到了列宁那里，他说，社会主义可以在资本主义最薄弱的环节取得成功，没有高度发达的资本主义基础也可以建设社会主义。所以，后来他建立了苏联社会主义体制。这种社会主义实际运作的结果怎么样呢？多数人感觉比较好，但是因为不重视资本，不重视市场，又不懂得进行资本运作，经济社会发展出现了许多问题与矛盾。最终的结果就是，大家都缺少饭吃，或者都吃不好。这就导致传统的社会主义到了 20 世纪七八十年代，进入了必须进行全面改革的时期。比如中国，改革开放三十多年来，社会主义市场经济体制逐步建立健全起来，逐渐形成了一种市场分配、调节资源与政府适时调整、管理经济相结合的发展机制，并成为世界经济史上一个涉及人口最多的经济体制。从经济结构来看，中国已经从改革开放前的农业大国，转变成为世界制造业大国，从单一的所有制经济转变成为坚持公有制为主体、多种所有制经济共同发展的制度。

到 2012 年，中国已经成为世界经济体中重要的有机部分，成为全球第二大经济体、世界上最大的贸易国。[①] 资本在中国经济社会中发挥了积极的作用，同时中国资本也开始走向世界的不同角落。习近平曾经明确指出："中国社会主义不是教科书里的教条，不是刻板僵化的戒律，而是在实践中不断发展变化的生命体。我们在实践中不断完善，在发展中不断变革，形成和发展了中国特色社会主义……'履不必同，期于适足；治不必同，期于利民。'世界上没有放之四海而皆准的发展道路。只有能够持续造福人民的发

---

① 进入 21 世纪的十多年来，中国迅速发展成为世界新兴经济体之一。2012 年经济总量按 GDP 计算已经超过了日本。按照 2016 年的发展趋势，中国以新常态下的年均 6%—6.5% 的速度发展，大约在 10 年后将成为世界经济中的最大经济体。

展道路，才是最有生命力的。"① 在此基础上，中国形成了中国特色社会主义思想体系。传统的资本主义又是怎样的呢？传统资本主义重视资本所有者的利益和市场调节资源、生产、消费与分配的决定性地位，照顾了少数人的感受，使资本得到了充分的发展，但是没有顾及多数人的利益，使问题与矛盾越来越尖锐。第一次世界大战后，出现了一次又一次严重的资本主义危机。特别是第二次世界大战之后，资本主义已经不再是传统的"不加节制的市场原教旨主义"，资本主义世界为了消除经济社会危机，不得不进行改革，不得不修正制度上的缺失。比如美国的债务融资问题。1980 年，美国国债为 1万亿美元；2000 年，这个数字是 6 万亿美元；2017 年已经是 20 万亿美元，这还只是账面上的负债。如何解决这个问题一直是美国政府的一大难题。也就是说，**人类历史发展到今天，已经出现了一种重要的社会现象，无论是传统的社会主义，还是传统的资本主义，都不能按照传统的思路发展下去了，必须进行改革**。传统的资本主义必须要考虑到多数人的利益。不考虑多数人的利益，就很难获得多数人的选票。所以，奥巴马任总统时寻求改革医疗保险等途径，以满足大多数人的需求。尽管如此，我们必须深刻地看到，**资本主义经济在 20 世纪进入一种所谓的"全盛时期"，一个重要的原因是资本主义所产生的经济效益，通过一定的社会制度设计，包括社会民主制度等，向资本所产生的效益课税，并以此救助社会弱势群体，使财富在一定程度上完成了一次重新分配**。到了今天，资本主义世界的经济增长普遍乏力，加上人口结构日益严重老化和生产率下降等，资本所产生的经济效益或者说经济盈余日益缩减，已经无法再满足政治上、社会上的补贴要求，因而进入全面困扰时期，各国需要从制度上重视资本与多数人的关系。当然，传统的社会主义必须要重视资本，不重视资本就不会获得好的发展，大家就有可能吃不饱饭。所以在我看来，传统的社会主义和传统的资本主义都已不复存在。中国现在实行的社会主义市场经济体制，已经把重视资本的作用、推进市场经济作为与社会主义基本经济制度相结合的经济运行方式。这在 1978 年以前是不可能发生的事。所以说，人类社会发展到 21 世纪的今天，无论是现代

---

① 习近平：《共倡开放包容 共促和平发展》，人民网 2015 年 10 月 23 日。

资本主义还是现代社会主义，都必须重视和尊重两个基础：一个是资本，一个是多数人。而且，必须在资本和多数人中间找到一个发展的"度"，找到一种均衡的状态，否则，这个社会就没法发展下去。两者之间有一个主要的连接，那就是让资本走向共享，即社会共享资本创造的财富。①

显然，与当年马克思研究和批判的资本主义矛盾相比，当代资本主义已经发生了巨大变化。尽管资本主义世界取得了重大进步，但是今天的资本主义体制也不会是理想的资本主义体制，特别是资本主义世界出现的世界性问题，比如日益严重的不平等、贫富差距等已经严重地影响甚至阻碍了世界的发展。这就是说，社会主义与资本主义博弈的一个重要结果，就可能是全球要"建设一个什么样的世界、如何建设这个世界"的问题，其根本目的就是让世界更美好、让各国人民更幸福。这是否意味着人类生产、交换、交流等方式的转变将转向更深层次的社会制度形态发展呢？

第四，世界和平发展与局部动荡之间的博弈。从总体上看，全球国际政治关系合作与矛盾并存，大国关系将持续合作与博弈。"冷战"思维不时对国际安全产生负面影响，联合国维护和平与安全任重道远。但是，尽管一系列支撑当今世界格局的世界政治秩序及其政治基础、全球经济秩序及其主导力量结构并没有发生实质性和根本性变动，而主导世界经济政治秩序的一系列政治意识、经济主张和主要价值，却在发生着重大甚或根本性的变化。目前看来，世界和平总的趋势没有改变，一路向好的势头依然强劲，同时局部动荡的状态又呈现出十分复杂的情况。

一方面，中东、亚太、欧洲三大地缘政治板块新旧矛盾交织，一些举世关注的事件似为偶发，但从深层次上看，却应验了"蓄之既久，其发必速"之古训。比如中东乱局险象环生，秩序重建举步维艰，各种矛盾亦非一日之寒，又不排除大国政治力量继续就此深度博弈。同时，朝鲜再次核试验震惊世界。美国仍在加紧推行"亚太再平衡"战略，美日等同盟强化，地区安全不稳定因素非减反增。在欧洲，美欧进一步加紧"联手"，强化北约并对俄罗

---

① 卢德之：《论资本与共享——兼论人类文明协同发展的重大主题》，东方出版社2017年版，第10页。

斯形成战略挤压。欧洲总是一波未平一波又起，债务危机使其经济大伤元气，难民蜂拥而至使其遭受第二次世界大战以来最大的难民危机，恐怖袭击接踵而来给欧洲社会安全和人们的心理防线带来了严重的阴影。另一方面，全球经济相互依存与竞争同在，机遇与挑战并存。经济全球化不断深入，由西方主要国家发起的逆全球化给世界带来了严重的不确定性。世界范围的经济复苏动力仍显不足，国际货币基金组织、世界银行不断下调全球经济增长预期。特别是诸如金融风险、核扩散、气候变化、疾病防治、粮食安全、跨国犯罪、灾害治理等全球性问题，都必须依靠国际社会通力合作，实施全球治理，才可能取得预期成效。

世界和平发展与局部动荡之间的博弈告诉我们，面对 21 世纪全球发展过程中出现的危机和跨国问题，人类已经不可能再退回到以往的价值理念上来解决问题了。显然，一个重要的方向是，全球问题不可能再基于传统的国家中心主义价值基点云处理。传统国家中心主义基础上的治理机制和措施已经丧失了独立应对挑战的能力和效力。21 世纪的全球治理和国家治理只能立足于全球主义的价值基点上，各种全球问题和人类公共事务的治理也只能放到国家治理与全球治理互动的开放框架上。只有这样，世界和平发展与局部动荡之间的问题才有可能获得解决。

共享文明主导世界发展的时代已经来临

现在我们看到的一个重要现实是，这一系列矛盾与博弈正在以一种巨大的力量推动着世界从现象到本质发生前所未有的深刻变化，而且世界充满了不确定性。世界到底会向何处去？人类又要走向何方？这让许多国际政治家和战略家都陷入一种焦虑、彷徨和迷惘之中。世界不断地变化是一种大势、一种常态，人们需要弄清楚人类将凭借什么来改变世界，而世界又要往哪个方向变，世界又将变成一个怎样的世界。

在世界大变局、寻找大方向的时刻，遥望人类文明历史，最先耸立在我们眼前的，是地球上最早的文明之光出现在的所谓的两河流域，就是亚洲西南部的幼发拉底河和底格里斯河沿岸，苏美尔人在公元前3000年所创造的苏美尔文明。1922年到1934年，英国考古学家伍莱率领一支庞大的队伍对美索不达米亚南部苏美尔文明的核心聚落乌尔进行了12个季度的大规模发掘，揭示了这个遗址从7000年以前的一个小村庄到逐步成为世界上最繁华的文明都市和在公元元年前后被最终废弃的一幅全景画。

其实，在苏美尔文明前后，人类就已经在世界不同地区推动着文明的发展与进步了。英国历史学家阿·汤因比研究认为，世界在漫长的发展过程中，先后出现过21到26种社会或者文明，其中包括古埃及、苏美尔、米诺斯、中国、马雅、安第斯以及西方、拜占廷东正教、伊朗、阿拉伯、印度、希腊、叙利亚、赫梯、巴比伦、墨西哥、育加丹、俄罗斯、朝鲜等。前六个是直接由原始社会产生的，其他都是其晚辈或子代。还有波利尼西亚、爱斯基摩、鄂图曼、斯巴达等停滞的文明。在比较了不同文明发展的历史与未来前景之后，阿·汤因比明确地说出了自己的结论认识："因此按我的设想，全人类发展到形成单一社会之时，可能就是实现世界统一之日。在原子能时代的今天，这种统一靠武力征服——过去把地球上的广大部分统一起来的传统方法——已经难以做到。同时，我所预见的和平统一，一定是以地理和文化主轴为中心，不断结晶扩大起来的。我预感到这个主轴不在美国、欧洲和苏联，而是在东亚。"[1] 塞缪尔·亨廷顿在借鉴阿·汤因比的文明论之后，提出了自己的论断。他认为，不同文明基于"历史、语言、文化和传统"等要素差异，并且在不同文明之间存在的地理交接处形成了文化断层线，未来世界的重大冲突将会沿着这些文化断层线展开，因此形成了他的所谓"文明冲突"理论大框架。问题是，世界不同文明发展进程并没有出现像亨廷顿所说的"差异性意味着冲突"，由科技创新所引领的人类经济社会发展趋势正在清晰地呈现出"世界统一"的特征。

特别是今天，随着全球化的发展，人类文明进入了多层次、多元化、多问题交融、碰撞、超越的阶段，单一的或局部的、简单的方式已经无法解决世界所面临的动态、开放、复杂的发展问题。共享成果、共担时难已经越来

---

① ［日］池田大作、［英］阿·汤因比：《展望21世纪——汤因比与池田大作对话录》，荀春生、朱继征、陈国梁译，国际文化出版公司1999年版，第283页。

越成为世界各国的基本共识。特别是从 21 世纪第一个十年开始，人们已经看到，**互联网时代的人类科技发展正在进入全球协作与共享的时代，许多技术成果从诞生之日起就表现出了跨国界、跨种族、跨文化的特征，凝聚着全球的技术智慧，以此为起点的共享技术、共享经济等给全球发展带来了新的曙光。**同时，人类进入信息化、智能化时代之后，这些明显带有共享交换价值、共享使用价值的技术，又为共享文明奠定了现实基础。传统政治经济学也告诉我们，技术的改革与创新将带来生产力的大发展和社会生产关系的改变，而这些改变又会影响人们的思想、理念、观念、价值等意识形态，带动人类文明进阶到一个更高级的阶段。比如说，随着共享技术的发展，人们的现实生活可能更加自由了，但是这种自由不再是传统意义上的自由。自由已经回到古典时代的价值要求。正如亚里士多德所说，自由并不是意味着过自己喜欢的生活，而是必须赋予它一种道德约束，赋予它一种"不是什么时候都被允许"的意识。**科学技术发展了，人们的哲学思想有可能在许多方面又回到古典的共享理念的传承与转化发展上来了。**第一，全球经济、技术、社会的发展已经呈现出一种明显的大趋势——一种以共享文明为核心建设人类文明共同体的发展趋势，不管人们是否认识到，这种趋势已经来临，并从不同的角度、以不同的方式影响着人们的生产与生活、思想与观念，影响着社会发展与进步的方式和方法。第二，共享生活形态的多样性、丰富性，从人们内心深处再一次深刻地唤醒了共享理念、共享价值，从而呼唤着共享文明的发展。对此，百度创始人李彦宏所谈到的 AI 时代的共享故事，就是一个典型的证明。他说，公元前 4000 年，底格里斯河和幼发拉底河已经发明了轮子；公元前 3000 年，在古印度、古墨西哥轮子又被发明了一遍；公元前 2000 年，古埃及、古代中国轮子再次被发明。几乎每隔一千年轮子就被重新发明一遍。当然在古代，人和人之间的沟通非常低效，由于相隔千里甚至相隔万里而没有办法把人们的成果迅速传播到世界各地去，但是今天情况完全不一样，人们没有必要再重新发明一遍轮子。当 AI 这个大潮到来的时候，开发者们可以把积累的所有东西都放到这个聚宝盆里，无论是自然语言理解的能力、语音识别的能力、用户画像的能力，图像识别的能力，这些都可以拿出来共享，而只要你拿出来共享，只要你去参与，你就会获得更多。[①] 这说明什么呢？说明新技术时代最新的发展理念就是开放与共享、合作与共赢，如共享单车、共享汽车、共享房屋等的出现。但如果没有共享文明跟上去，调节人们的生活习性与社会价值选择，就有可能出现满世界的"共享乱象"——无序摆放的共享单车将可能因不断深度干扰社会生活而被迫退出服务。所以，只有共享文明不断发展，才能推动共享生活、共享技术、共享社会形态的不断创新与发展。

人类再一次由技术开路，进入呼唤共享价值、构建共享文明的时代。其总体趋势是，全球将以共享文明为价值内核构建人类文明共同体，推动人类社会从技术共享、经济共享、生活共享等向文化共享、价值观共享发展，以此为基础，在不同人群、不同地区、不同国家、不同文明之间，扩大以共同价值、共同责任等为基本要素的人类共享价值，进而构建人类文明共同体，为人类社会健康发展提供思想与价值基础。在此基础上形成的共享文明不仅是 21 世纪以来人类社会发展的伟大创举，也是人类基于全球化的世界观和方法论，进而可以预测与追求人类共同的未来。所以，反映人类共同价值的文明追求——共享文明的崛起也必然成为时代的产物。

由此可以想象的是，与人类古代文明所追求的"和而不同""理想国"等共享价值遥相呼应的是，共享文明主导世界发展的时代已经来临。

共享文明崛起是 21 世纪全球经济社会的重大事件

突围的路往往是融合的结果。

当然，共享文明的崛起更有其深刻的政治、经济、社会、文化基础。人们以此为基础，在政治、经济、社会、文化等领域推动的共享生活，将构建起共享文明的基本目标与方式。所以，如果再细致地观察我们生活的这个正在改变的世界，就会更加清楚地看到，共享文明的发展趋势犹如春风悠悠，

---

① 参见《李彦宏：移动互联网时代即将结束　AI 时代已经到来》，《经济观察报》2017 年 7 月 5 日。

扑面而来，而且主要表现在三个方面：

第一，共享文明所需要的政治、经济基础已经在全球形成。20世纪80年代中期，经济全球化在发达国家推动下迅速发展。那时中国正值改革开放初期，于是从开始就以自己的方式拥抱了经济全球化的理念。全球化是指世界经济活动超越国界，通过对外贸易、资本流动、技术转移、提供服务、相互依存、相互联系而形成的全球范围的有机经济整体。经济全球化是当代世界文明发展进程中的重要经济特征之一，也是世界经济发展的重要趋势，因为它是使生产要素在全球范围内广泛流动，生产过程和服务所涉及的地域不断向全世界扩展，从而使世界各国经济相互依赖性增强的过程。这是数千年来世界文明在交流互鉴中发展的必然结果。

第二，西方文明在许多方面出现的难以消除的危机，已经为共享文明的崛起准备了共享思想发展的空间。21世纪以来，在西欧和美国这些西方文明的心脏地区，金融风暴和债务危机重创了整个社会经济的发展进程，甚至至今仍然看不到化解的希望。2010年，一场"占领华尔街"的抗议活动在美国愈演愈烈，当时美国《洛杉矶时报》就明确谈到了抗议活动的本质：这次示威"说明在经济持续低迷的情况下美国公众对本国的政治制度是多么不满"。事实已表明，美国的实力加上西方的文明无法征服世界，也不可能单方面改变历史的客观进程。无可否认，曾引领了世界潮流数百年的西方文明还具有较强的生命力，并未走入穷途末路。但是，事实也证明，世界依然将是一个多元化的世界，想用某一种文明来主宰全球的想法是行不通的，哪怕推行这种想法的国家具有超强的实力。经过几个世纪的军事、经济和文化扩张，尽管西方文明改变了世界，但并没有终结历史，恰恰相反，现在就连西方人自身也在思考其文明的局限性，这就表明21世纪将是人类历史上一个崭新的纪元。

第三，以人工智能为代表的高新技术的到来在满足我们生产、生活需求的同时，也打开了我们思想意识领域里的共享世界。**我们现在就可以预见的趋势是，在未来五到十年的时间里，互联网与技术结合的人工智能等技术将会让我们看到人类历史上有史以来最大的变化。**从目前的情况看，随着人工智能及制造技术的进步，生产效率的大幅度提高，每辆汽车的生产时间在逼近于0。从

1883 年到 1886 年，世界上第一辆汽车的发明和生产用了整整三年的时间。汽车生产的初期，几乎是手工式的，装配一辆汽车要花费 12 个半小时。今天机器人在汽车生产中得到大规模应用，用几百台机器人组成的汽车生产线，每一分钟就可以下线一辆合格的汽车。此处的一分钟和原来的 12 个半小时相比，只是用了原来千分之一的时间。再比如，中国一项核燃料研究在 2017 年获得重大突破，这项研究将铀资源利用率由目前技术的"不到 1%"提高到"超过 95%"，处理后核废料量不到总燃料的 4%，放射寿命由数十万年缩短到约 500 年。这些都为探索更高效、更安全的核燃料循环体系奠定了基础，有望使核裂变能成为近万年可持续、安全、清洁的战略能源。[①] 这些以人工智能为代表的高新技术在改变人们生活方式的同时，也在改变人们认识世界、对待世界的思想与行为方式。希伯来大学的赫拉利在新近出版的《未来简史》一书中强调，和平与人类演进将使人类进入一个暴力逐渐减少的时代。同时，他认为，我们将从一个由神圣权威支撑的制度与价值观时代转向一个以人类为中心的自由个人主义时代，这一时期的价值观是自发形成的。赫拉利大胆地提出了他的另一个论点。他认为，一旦技术使我们能够重新处理人类思想，现代智人（Homo sapiens）将消失，人类历史将开启一个我们可能无法理解的全新进程。当然，赫拉利大胆的设想能否变成现实，还需要进一步发展与观察。我们希望的则是，全球日新月异的科学技术、不断融合发展的人文思想、不断推进深刻改革的社会体制，特别是 21 世纪以来前所未有的以信息技术为基础的互联网、物联网、人工智能等高新技术所推动的人类思想、理念、精神与文明的深刻变化，开启的是一个人类共享经济社会发展成果的共享文明时代。

所以，我的一个结论是，**我们正在突破重围，处在未来已经来临的走向共享的时代，重要的不再是我们如何判断这是一个什么时代，而是我们将以怎样的理念与行动迎接这个时代、建设这个时代。而且，从超越与发展的前景上看，这是人类社会发展的又一个黄金时代。**只有认清了时代的本质，我们才可能在共同价值与共享文明的旗帜下，满怀激情地拥抱 21 世纪、融入 21 世纪、发展 21 世纪，共同推动全球共享 21 世纪！

---

① 参见《我国核燃料研究获得安全感》，《中国青年报》2017 年 6 月 9 日。

第二章

融合：共享文明与人类文明发展的谱系

人类社会是一个文明不断发展进步的社会。如果从人类学上看，人类从动物界脱离出来，由野蛮时代进入文明时代的最终标志，并不是因为有了经济生活和文化生活，而是因为有了政治共同体和政治生活。而正是由于有了政治共同体、政治生活等社会制度体系，人类才需要去协调不同的利益关系，建立一定的权威和秩序，制定一定的规范和制度，进而形成一定的社会文明和政治文明。所以，共享文明与人类本身、人性、财富、技术、地区、社会、政治、制度乃至自然、气候等密切相关。这也决定了人类文明的发展是一个逐步演进、不断深化的过程。同时，**人类文明本质上就是一个融合发展的过程，融合是因为能够从融合过程中增进共识，从价值碰撞中找到共同价值，共同推动共享文明的发展与进步。**

以此为基础来展开人类文明的发展谱系与人类文明的新维度，我们便可以更好地理解共享文明的价值与意义。

我所理解的共享文明

我一直认为，个性化地思考面向人类社会发展的主题问题，应当成为我们针对问题、剖析问题，并寻求解决问题的一种习性或方法。所以，如同2000年前后我根据现实发展与时代要求所提出的"资本精神"，2012年秋天提出人类社会正在"走向共享"的概念与思考一样，"共享文明"也是我研判21世纪人类文明发展现实与未来趋势后所给出的一种个性的认识与判断，也是我提出的一个新概念。

讨论共享文明之前，我们先看看什么是共享。我认为，共享就是人与人之间、人与自然之间的一种共生、共存、共发展的关系。共享能够体现人类整体的共性要求，也就是能够体现人类的普遍性原则——人类最本初的意识与思想。所以，共享是神圣的。任何人都是通过享受最初的、神圣的共享生活来到这个世界的，尽管那一段生活里所有来到这个世界的人并不自觉。但是，不自觉并不能说那一段共享的生活不存在。试想一下，如果不是共享了母亲的生育系统，不是共享了接生者的爱心与温暖，我们会来到这个世界吗？所以，共享是人的来源，共享是人之初的福音。尽管其他生物也有相似的一段早期共享生活，但是人的这种最初的共享生活因其社会性、选择性而具有了其他生物所不具有的价值与意义。

认识了共享，那么建立在共享基础之上的共享文明又是什么呢？**所谓共享文明，就是当今人类共同创造、共同认同、共同拥有的现代文明形态，是人类与自然、社会及人本身所有关系的核心价值总和，是人类在现代生产、生活中形成的共同遵循和促进全球化生产、生活所需要的国际秩序、制度设计、文化教育、生活习性等新文明的集合。**

共享文明还有一种历史形态，就是不同地区、不同国家、不同民族都在其历史发展中形成了自己独特的文明，其中包含了反映全人类共同认知特征、可资全人类共同享有与发展的文明总和。这是一个十分重要的问题，不能很好地认识这个问题，就不能深入理解上面所讨论的共享文明形态。可以说，共享文明的历史形态是现代共享文明的基础与前提，无视共享文明的历史形态，既理解不了现代共享文明，也解释不了现代文明的基本内涵，就是共享文明的历史虚无主义。所以我认为，正确地认识和把握不同地区、不同国家、不同民族在其历史发展中形成的自己独特的文明，发扬其中所包含的反映全人类共同认知特征、可资全人类共同享有与发展的文明要素与基准点，才是我们真正认识、把握并推动现代共享文明发展的出发点与落脚点。所以，**共享文明是不同文明的历史形态与现实形态的有机统一，是独创性与普遍性的统一，是继承性、发展性与超越性的统一。**

正因为这样，我们才能更好地理解共享文明来源于不同文明，也包含着不同文化的精华这一命题。不同文化总是呈现出遍地开花的景象，构成了共享文明的重要来源。不同文化可以共享，但是不能统一，也不会统一。**文化是一个古老的概念，是不同文化从自己肌体里生长出来的，是各个民族的个性体现与独特的价值选择。**多元性、多样性才是文化的本质特征。共享文化在不同群体、不同地区、不同国家之间是客观存在的，任何统一的文化或者文化统一都是不现实的，如果将其作为一种目标，给人类带来的只会是灾难。

需要指出的是，文明是近代西方国家首先出现的一个概念，最初与"开化"的含义相近，是一个与"野蛮"意义相对的词，与人的生活密切相关。共享文明则是人类文明生活的新发展。同时，与共享文明密切相关的共享所反映的核心价值正是人的本质属性。这种本质属性是先验的，又是被长期作为当然物而没有得到足够重视和挖掘的，仿佛从来就缺乏这种本质属性似的。加上人们一直处于简单的共享经验过程和经验范围内对它很少加以论证，或者长期以来相信共享本质的存在却又不能证明其存在，于是往往表现为对未来社会的美好憧憬，并没有从以往和现实生活里将其揭示出来，以至许多人一直认为人们与共享生活相当陌生而且遥远。

共享文明还是文明发展中的自我完善与自我纠偏共同作用的结果。如前所述，从 20 世纪末到 21 世纪初以来，人类文明是在一种多重矛盾与博弈中发展的，真善美的文明基因与文明元素得到了弘扬与发展，使人们在复杂的纷扰中依然坚信世界的美好，也看到了未来的希望，但是人性的贪欲与社会达尔文主义等也在资本、技术的扩张与推拥下，令个人以及社会深处那些陈腐的假丑恶，又从文明的薄弱处再一次在全球泛滥，以不同的方式阻碍和破坏着文明发展的进程。**共享文明正是修正这种阻碍和破坏文明发展的文明内生力量，它以高于现有文明的品格与目标引导人类向上发展，清算并消除各种颓废主义的诱因与现象，校正文明远行的航向。**文明的这种内生力量来自人的本质属性与社会发展规律。所以，共享文明不是人为的设计，而是 21 世纪文明发展的内在追求与必然趋势。

我们再来说说该怎样理解共享，理解共享就不能片面地讨论共享的含义。共享应当具有双层含义：一是共享好的，二是共担不好的、艰难的，甚至是苦难的。而且，共享与共担又是相互博弈的。一方面，共享激励共担，共担促进共享；另一方面，共享常常忘记共担，共担往往也制约共享。同时，人类又偏偏在共享与共担的这种辩证博弈之中促进了共享文明的发展与进步。

所以，**共享文明是一种"超文明"——一种建立在当代科学技术、经济发展、社会理念、文化追求和制度改革等基础之上，来自不同文明又阻止、消除不同文明中那些落后、消极、错误、丑恶等理念、观点、方法的"超文明"**。这种"超文明"聚合了人类以往的优秀文明成果，又凝聚着不同文明美好的追求和人类对今天与未来的共同期待，是来自于人类又服务于人类的新的主宰，是 21 世纪人类共同奏响的福音交响曲。

因此，我所讨论的共享文明是基于共享文明的历史形态而发展起来的、面向 21 世纪人类发展的现代共享文明。所以，我将共享文明的基本性质归结为以下三个方面：第一，共享文明是 21 世纪人类社会发展中崛起的新的文明形态；第二，共享文明是一种最具有发展活力和创造性的文明；第三，共享文明是以信息化、智能化、数据化为重要标志，同时以智能化大生产作为主导生产方式的一种现代社会文明状态。

概括地说，共享文明的基本特点表现为全球化、延续性、信息化、智能化、法制化、生态化、文明化，以及能够促进经济社会可持续发展等，而且以不同文明所在国家法律为基础，具有开放融合、自由发展、民主监督、共建共赢的基本特征。这些特点延续了许多以往文明的特点，成为不断推动后工业文明或者说信息文明向共享文明转型发展的重要因素。比如，文明的延续性就决定了任何一种新文明都会或多或少地保留以往文明的基因和好的部分，并逐渐融合到新的文明之中，成为新文明的重要组成部分，甚至是核心内容。比如，中国传统文明中的爱国、民主、和谐等价值就成为社会主义文明核心价值体系的重要组成部分。

我们还必须清楚**文明需要"混血"，基因需要融合**。共享文明与以往文明形态相比较，至少拥有三个方面的特点：第一，共享文明是在人类物质财富达到足以维持人类整体基本生存需求均值情况下形成的文明形态。以往任何一种文明都没有从整体上达到这样的物质财富水平。也就是说，共享文明至少拥有能够满足人类最基本生存需求的物质财富水平。第二，共享文明需要全人类在道德水平、价值认同、社会追求、人类关怀等核心意识形态上达成广泛的共识，并在一定的规则下自觉地遵循与捍卫，从而焕发更深刻的人类创造精神，进而取得整体的社会效益和社会价值。以往文明的任何成就都是局部性的、区域性的，更多是单一性的，虽然对人类社会发展具有不同的促进作用，但因其非整体性，它们的影响也是有限的。比如，资本主义文明在最强盛时期，其效益与影响力也并非全人类性的。第三，共享文明是开放的、包容的、超越性的文明形态，既吸纳以往不同文明的优点，将其发扬光大，又摒弃其糟粕，同时让不同文明的优点相互交流、融合、创新、发展，不是不同文明的简单组合，更不是简单相加，从而丰富了共享文明的价值基准点和原则体系，成为推动全人类协同发展的价值尺度。以往文明，特别是早期最先发达、成熟了的文明，比如一些早熟的西方区域文明，由于其复杂的区域特征、排他性孤傲等，往往轻视和无视其他文明，甚至抵制和消解其他文明，致使相互之间不仅交流不发达，不能加深理解，一旦走向极端，就会使不同文明常常陷入种种敌对状态。如果不同文明之间发生战争或局部动荡，无论强弱，都会既消弭人类许多美好的情怀，又阻止不同文明的融合发展，以致许多区域性文明走向消亡，成为文明遗存，仅留在人类文明史籍里。共享文明的出现，有可能让一些成为遗存的文明基因获得新生，重回人间，进一步丰富共享文明的肌理，真正成为人类共同的文明形态——共享文明形态的有机组成部分。

共享文明凸显了人类文明发展的新维度

"文明"一词，在中国古籍中最早见于《周易》。《周易》上说："见龙在田，天下文明。"唐代孔颖达注疏《尚书》时将"文明"解释为："经天纬地曰文，照临四方曰明。""经天纬地"意为改造自然，属物质文明；"照临四方"意为驱走愚昧，属精神文明。在古代先民们那里，他们往往直接地借用自然界的现象来表达人类对宇宙世界及理想状态的追求，揭示文明最基本的涵义。而在西方语言体系中，"文明"一词来源于古希腊"城邦"的代称，后来则成了人的尊严、人格，人的价值、人的意义，爱、公正、公平、正义，人权观念、人道观念、民主观念、自由观念、平等观念等的代名词。

人们从不同的角度认识文明的维度，主要形成了以下几大观点：一是从传统价值体系上说，人类文明有自由、平等、博爱三个维度；二是从文明发展特点上看，人们又认为文明具有根基、灵魂、持守、创新、气度五个方面的维度；三是从人类社会的发展与进步上看，文明也是一个有机系统，包括物质文明、政治文明、精神文明三个方面的维度，而且它们相互联系、相互促进，共同推动社会的全面发展。

显然，由于视角不同，人们认识和把握文明的维度不可避免地出现了多种不同的情况。这是一种自然现象，也是合理的现象。今天，我们应当清醒地看到人类文明从远古到近代发展的速度都非常迟缓，直到 18 世纪工业革命以后的两百多年里才突然加快了发展速度。进入 21 世纪之后，人类文明开始走向一种新的文明形态，即经济、科学——共享文明形态，我们认识文明的维度也自然发生了一些新的变化。我认为，**共享文明至少拥有四个发展的新维度：知识维度、工具维度、价值维度、结构维度。**

知识维度。与以往各种文明形态一样，共享文明拥有自己的知识维度。其中包括以往各种文明形态所需要的语言、文字、信息、符号、家族观念、信仰、宗教观念、法律、城邦和国家等，既包括人类创造的财富总和，比如文学、艺术、教育、科学等精神财富，及涵盖了研究人与人、人与社会、人与自然之间关系等的知识财富，也包括了全部的物质财富。不同的是，共享文明的知识维度比以往更加丰富多彩，更加多元化、多样化，更能满足人们不断增长的物质生活与精神生活的需要。**目前美国的知识维度居于全球首位，主要是因为美国拥有最强大的知识创新能力、创新机制、创新企业与创新人才。**比如，在太空、未来世界、计算机、机器人、网络、哲学等方面的知识创新在可以预见的时期里都将可能发挥先导作用。

工具维度。包括科学、技术、智能、能量等，这一切都是达到某种政治、经济、文化、社会目的的手段。比如，现代科学、技术迅速发展而形成的成果，已经成为当代经济社会发展的决定因素。高科技及其产业极大地促进了劳动生产率大幅度提高，一般高新科技产业的人均产值比传统工业人均产值高出 5—10 倍，比手工业高出 50—100 倍。同时，由于科技含量高度密集，也极大地提高了产品的商业价值与经济价值，科学、技术也因此成为最强大的财富创造者，为丰富全社会的物质财富发挥了决定性的作用。从这个意义上说，工具维度自然成为共享文明得以形成的极其重要的基础与条件。

价值维度。核心是人类共同价值，就是不同民族、不同区域的人们所共同拥有的价值文明。文明这个概念本来就包含价值、道德和意识形态的内涵。我们如果剥开生活的外壳就会发现，深藏其中并持久发生重要作用的是人们所具有的价值观念。比如，从价值体系来看中华民族的道德生活，我们可以看到清晰的讲仁爱、重民本、守诚信、崇正义、尚和合、求大同等价值维度。孔子、孟子都倡导人性中的"仁爱"。古希腊所追求的价值也贯穿了善良、爱、勇敢等。亚里士多德认为，人的一切活动，规划以及实践与选择，都以某种善为目标。[①] 进入 21 世纪以来，人们在改造自然和社会过程中所面对的矛盾与问题，需要更健康、积极、进步的价值来引领，让世界上的每一个社会成员都有同等的、不可剥夺的基本权利，包括生存、自由与追求幸福、发展的权利等，使每一个人都享有同等的改善个人财富和地位的机会与条件，实现全社会的公平与正义。这才是共享文明所应有的文明状态，也是人类文明发展所向往和追寻的价值维度。

结构维度。也就是说，共享文明拥有时间和空间两个维度，它是一个长期趋势，也一直在延续状态。同时，共享文明又是一个综合的、可持续发展的过程，人们通过长期的交易、交往、交流活动进一步交融，共同趋向于形成全球社会的历史过程或趋势。从本质上说，共享文明既是文明积聚、连接、交流、超越的过程，更是促进人民福祉和社会进步的共同发展过程。

从人类文明发展的历史上看，侵害人类文明的方式在不同的历史时期呈现出不同的特征，古代更多是各种不同的权力倾轧，近现代则是无所不在的资本控制。到了现在，则演化为权力、资本与技术的混合体，而且这种混合体正在通过不同的方式阻碍和降低人类文明的程度。但是，我们也必须看到的，共享文明的新维度已经逐步展开，无疑会从不同的角度和层次消除阻碍文明发展的消极力量，使人类文明在文明新维度的推动下，不断取得新的发

---

① ［古希腊］亚里士多德：《尼可马科伦理学》，苗力田译，中国社会科学出版社 1990 年版，第 1 页。

展与进步。

为此我认为，人们应当在两个方面达成更加广泛的共识，并开展一致性行动。一是追求共同价值。文明不同不是问题，不同文明之间构建共同价值才是思想的基础与行动的方向。二是推动国际关系、国际秩序创新。**在国际关系中，国家的道德力量是一种重要的发展力量，但不同文明下的共同价值更需要制度的规范与维护。所以无论在任何时候，良好的国际交流与合作、规范的国际原则与公约都是基础性的，都是必不可少的国际事务与国际关系准则。**正如古希腊哲学家柏拉图所说："如果所有的人都是有理性的和有美德的，就不需要法律和国家；一个完全有美德的人是受理性支配而不是受外在法律支配。但是很少有人是完善的，因此有必要用法律来确保我们的真正善的实现。这样，国家就是因为人性的不完善而产生。"[①]一个国家如此，世界发展也自然如此。只有这样，共享文明新维度才能得以建立、完善与发展。

共享文明体现了人类文明所追求的创新价值

人类社会发展到现在，的确是来路茫茫。人们从不同的角度分析人类文明，提出了不同的文明类型说，描绘出了不同的文明发展谱系。比如有一种观点认为，人类文明大致可以分为五个阶段：一是狩猎文明，以猎杀动物为食物作为最基本特征；二是农业文明，以手工劳作作为最基本特征；三是工业文明，以机器复制作为最基本特征；四是智力文明，以逻辑思维堆积作为最基本特征；五是智能文明，以机器智能取代人类思维模式作为基本特征。综合考察人们的不同分类之后，我认为从价值角度来分析人类文明发展的道路，则呈现出另一种鲜亮的色彩——让人们由此能够更好地认识过去，更好地把握现实的文明之路。而与以往分类不同的是，我认为人类文明经过农业、牧业——自给文明，工业、商业——贸易文明，资本、技术——级差文明等三

---

① ［美］弗兰克·梯利：《西方哲学史》，贾辰阳、解本远译，吉林出版集团有限责任公司 2014 年版，第 81 页。

大发展阶段之后，正在走向经济、科学——共享文明的发展阶段。

从人类遗存及人类基因研究中发现，**人类最初始的文明形态是遥远的农业、牧业——自给文明。**所谓农业、牧业——自给文明，与人类初始时期的自然文明相比，也是一种进步，是一种高级文明。它是农业种植和畜牧业养殖的文明，当时人类的文化和文字等才刚刚萌芽，社会形态基本上是原始社会、游牧群体等。农牧文明，是指由农民、牧民在长期农业、牧业生产中形成的一种适应农牧生产、生活需要的国家制度、礼俗制度、文化教育等的文化集合。农牧文明集合农牧文化及各类宗教文化为一体，形成了自己独特的文化内容和特征，主体包括族群管理理念、人际交往理念以及语言、戏剧、民歌、风俗及各类祭祀活动等。农耕文明的重要表现为男耕女织，规模小，分工简单，较少用于甚至不用于商品交换。所以，这是一种典型的自给自足的文明形态。尽管这种文明也逐渐拥有发达的医学、占卜、礼制、伦理、国家、军队、法律、社会统治、货币、诗歌文学、音乐、思想、学说等，也依附于不同民族、不同地域、不同时代的不同条件等，但其核心仍是自给自足，即使是不断成熟起来的文化、文字也在自觉与不自觉地为自给自足服务。古代中国这种自给自足性的农牧文明就非常发达。根据《史记》的记载，春秋战国时期，各国都修建了很多大型水利工程。比如，战国时期李冰父子修建的都江堰就是典型的水利文明。战国时期，秦国大将司马错于公元前316年灭亡古蜀国，并且将那里设置为秦国的一个郡。不过，那时的古蜀国（今四川）不仅经济文化落后，而且自然条件差，岷江还经常泛滥。秦昭王五十一年（公元前256年），李冰任蜀郡太守。他和他儿子设计并主持建造了成都北部的都江堰，将岷江从中间一分为二，即内江和外江，这样便实现了通航、防洪和灌溉一举三得。都江堰也是世界上年代最久、唯一留存、仍在使用、以无坝引水为特征的宏大水利工程。从本质上看，都江堰所灌溉的成都平原从此成为自给自足的"天府之国"，一个农业、牧业——自给文明的典型标本。

工业、商业——贸易文明，是人类第三次跨越的文明形态。贸易是对自给自足的生产方式的发展与超越。工业、商业的出现是人类的重大进步，由此而带来的文明是人类生产、交换的结果，是人类社会由古代文明发展到现代文明的一个重要阶段。客观地说，原始社会后期人类就开始进行简单的交换行为了，而且随着人类劳动的发展，交换活动日益丰富，人类文明不断得以进步与发展。尽管如此，所谓工业、商业——交换文明却是工业普及和商业发达前后，逐渐形成的资本主义工业、商业社会经济模式下的文明形态。这种文明形态大约从13世纪的意大利开始，伴随着欧洲文艺复兴运动而迎来了快速发展的机遇，以后扩展到全欧洲，并向世界不同地区发展。在这种交换文明阶段，人类的工业制造、商业活动日益普及，特别是全球性交通、运输的发展，极大地促进了技术和社会成员频繁而大规模地流动，社会分工进一步细化，劳动生产率进一步提高，充分体现出了劳动方式最优化、劳动分工精细化、劳动节奏同步化、劳动组织集中化、生产规模化和经济集权化的文明特点，人类因此而创造出了更具活力和更加丰富多彩的文明成果。但是，由于工业、商业的发展给大自然带来了掠夺性的开发，也就注定了这种交换文明的局限性与不可持续性。

人类从16世纪前后跨入的文明形态则是资本、技术——级差文明。级差文明并不是坏东西，相反是人类进步的一种重要现象。有级差，就有区别，而且是巨大的区别，否则就不会形成级差。级差文明是一种客观存在的文明现象。所谓级差文明，就是由于人们所拥有的资本、技术和体制等的不同，而造成财富、地位等方面的差别，社会不平等进一步扩大，却又能够通过一定的制度设计来维护社会发展的文明形态。所以，级差的本质是资本、技术、体制等级差所带来的社会级差。尽管到了今天，人类还处于主要由资本、技术构建的级差文明里，但以资本、技术为基础的文明无疑是工业文明的高级形态，也是人类文明发展史的一个高级阶段。根据资本、技术的发展过程，我们可以把资本、技术所创造的级差文明分为五个阶段：第一阶段，16世纪初到18世纪工业革命前，级差文明首先在西欧兴起；第二阶段，工业革命开始以后到19世纪末，人类真正进入工业社会，同时级差文明从西欧扩散到全球；第三阶段，20世纪上半期，级差文明全面到来，社会出现了巨大的震荡，也进行了调整和探索；第四阶段，第二次世界大战后到20世纪70年代初，人类吸取了上一阶段的经验教训，级差文明不断深化；第五阶段，20世纪70年代以来，级差文明进入又一个重要发展时期，全球政治、经济、文化矛盾随之进入一个新的动荡时期，人类社会也进入一个寻找新文明的时期。

从人类发展已经出现的众多共享趋势来判断，**人类文明发展今天已经开始走向一种新的文明形态，即经济、科学——共享文明**。这是迄今为止人类文明的最高级文明。首先，经济、科技的革命与创新推动了生产方式的变革，也促进了劳动对象的变革。比如，海洋探测技术的发展的发展使人类的生产活动扩展到海底，航空航天技术的发展使人类的步伐迈向了广阔的宇宙，纳米技术使人类有了更多更新的生产资料等。其次，经济、科学技术的发展已经是现代社会发展的主要推动力和增长点所在，最明显的是科学技术发展推动了产业结构的变化，工业迅速超过了农业的比重，第三产业不断发展成为比重最大的产业。特别是 20 世纪中叶开始，电子计算机的发明到互联网的运用与发展，使得人类以往千百年来许多无法解决的问题和不可实现的研究都陆续成为可能，甚至在远古的人类童年就向往的"大同社会"和马克思主义所追求的理想社会状态，很可能在科学技术的支持下，首先在共享经济、互联网领域得以成为现实，并为人类文明的发展提供无限美好的想象空间。

2002 年 7 月 10 日，以法国科学家布鲁内特为首的一个科学小组在中非乍得宣布，他们发现了一个 700 万年前的完整的原始人类头盖骨化石，这是迄今为止发现的最古老的人类化石。如果以此为人类发展的起点，人类文明发展的基本谱系依次展开，原始人类一路走来的风尘及其特征，至少让我们能够进一步理解文明发展的两个重要方向：一方面，人类文明既是丰富多彩的，也是多元发展的；另一方面，人类文明又是不断进步的，在不同的时期用不同的视角去考察，获得的认识也可能不太一样。人类文明也因此而更加具有探索的价值与意义。

共享文明是不同文明相互博弈的必然结果

不同文明之间自从有了交流、对话，也就有了博弈。博弈中虽然有竞争，但不是对抗。从历史上看，不同文明之间的博弈是一个复杂的过程，也是一个不可避免的历史进程。进入 21 世纪以来，一个重要的现象是，基于不同文明之间的博弈，在不同文明之间出现了融合与超越的趋势——谋求共享发展，**因此，全球范围内出现了一种全面改革、前所未有的相向发展的大转型。**

只要不带有任何偏见，人们都可以清楚地看到，跨入 21 世纪之后，世界各国都先后进入新一轮改革发展的重要时期——无论是东方还是西方，无论是资本主义世界还是社会主义国家，都进入了深刻的制度调整、改革与发展的新时期；不是东方向西方转，也不是西方向东方转，而是要寻找一个共同的方向，相向而行，共同促进人类文明不断发展与进步——这个共同的方向就是走向共享。我认为，一个明显的问题是，东西方共同面对着一种大困境，过去的情况是宗教扩张、市场扩张、坚船利炮的战争、文化扩张、思想浸润等，都是有组织的扩张行动；现在的情况则是，经济全球化、人的全球化、文化全球化、思想理念全球化、信息全球化，特别是互联网让世界同步了，世界由被动接受进入主动接受的局面，许多复杂的问题与矛盾也更多地凸显出来了。有的人说是保守主义回头了、全球化已经发生逆转了、民粹主义再度回潮了等。

这些现象背后的本质是什么呢？我们可以看到三个方面的问题：第一，最近几十年来世界的发展理念与发展方式出现了重大问题，不是一国或几国的问题，而是全球性的问题；第二，人们开始以实际行动反思过去的一切失误，这些行动既有"左"的性质，也有右的性质，关键是要知道引向何处才是正途；第三，人类发展或许到了理论创新的重要关口，事实上人们还在徘徊不前。**从哲学理论上看，东方文化特别强调阴阳、天地、雌雄等，重点是哲理；西方文化则特别强调矛盾、对立、辩证等，重点在哲学方法。但是，两者的本质都是要探究宇宙、社会与人生之变。**再比如，古代中国的老子在他的《道德经》中讲到的"道"与古希腊赫拉克利特在其《残篇》第一条中提出的"逻各斯"，各为其哲学思想的重要源头与基础概念，却又同为人类思想史上最早的哲学范畴，共同揭示了人类自我意识的觉醒与发展。从历史时间上看，老子和赫拉克利特几乎是同时代的人，一个在东方，一个在西方，却同时思考着关于宇宙、天地、万物等形成与发展规律的问题，由于视角不同、价值取向不同，而开创了东西方不同的哲学形态。这种不同也是构成文化差异的哲学原因。尽管如此，他们思考人类终极关怀问题、文明发展的本质是一致的，也决定了不同文化可以相互交流、相互借鉴的哲学基础。千百年来，《道德经》在国际社会上的广泛影响就是最好的证明。[①] 客观地讲，"逻各斯"蕴藏着西方文化那种判定、分析、推理等理性主义，只是到了近现代却常常陷入错误的理性主义，比如对个人主义、自然主义、客观主义的偏执，反而给人类带来了困惑。老子的"道"奠定了中国哲学的重要基础，但后来也往往陷入错误的"道"中，比如过度宣扬"无为"、偏执、"人道"等，也造成了严重的现实危害。这一切又使东西方哲学必然地回到同一的方法论上。所以，东西方文化是相通的，不同的只是方法论上的差异，人类也因此能够找到共享与共享文明的发展道路。

不管怎么样，解决问题的重要方法只能是进一步激发社会主体的能动性，让各个主体积极寻求解决问题的理论与道路。尽管困难重重，但我们已经看到的是，传统意义上的资本主义已经不存在了，传统意义上的社会主义也不存在了。资本主义世界普遍出现的无节制的超越、过度自由化的竞争、无度的消费主义、市场优选主义、泛滥的个性张扬主义等，已经把资本主义世界推向了发展的困境。比如，美国的新一届领导人就面临着许多国内矛盾，比如经济需要提振、社会不公平现象日益严重、底层民众与政治"精英"的价值观分化等等。再比如，英国脱离欧洲、欧洲问题、中东问题等，也是由于中低层社会出现了新的思潮与行为。与此同时，社会主义国家也进入全面改革发展的重要历史时期，比如，中国 2016 年以来为进一步推动全面改革而提出了建立容错纠错机制的措施，倡导敢于试错也是一种改革智慧，目的就是要围绕一个目标，通过不同思想、不同方式、不同渠道等谋求更好发展，让全体国民不断共享改革与发展的机遇、过程和成果。

这种不断发展的共享生活现实，必将形成一些新的观念或理念——最先形成的一种新理念或者哲学可能是共享主义。2013 年 12 月 24 日，我在中山大学举办的"走向共享"学术研讨会上提出了"共享主义"这个概念。当时我是从中国公益慈善伦理前端问题的角度提出来的，认为现代慈善就是共享

---

① 老子的《道德经》在世界上的译本和发行量仅次于《圣经》。特别是近几百年来，《道德经》的国际译本总数有近 500 种，超过 20 种语言，在欧洲更是一部重要的世界文化名著，影响深远。

主义的一种现实途径，是一种典型的自愿共享方式。著名伦理学家万俊人先生在会上则从另外一个角度分析了共享主义。他认为，共享主义实际上就是第三次分配里面的理论基础或价值学的基础。就目前的现实来说，共产，不大可能，但共享是绝对可能的。以社会的方式生存，实际上寻求的不是共产，而是共享，共享才是目的。万俊人先生的分析和观点侧重于社会制度、社会体制等重大理论与实践问题，给我启发很大。从那以后，我一直从慈善与伦理的角度来讨论共享主义。我甚至自称是一个共享主义者，也是从慈善与伦理的角度来说的，或者说是从哲学角度来说的，我认为共享主义是一种人生方式与生活方式。所以，我讨论的共享主义并不是一种新的社会意识形态，不是一种社会制度形式，而是一种社会的新理念、新生活方式与方法。如果从社会意识形态的角度来讨论共享主义，共享主义则是一种非常严肃而复杂的社会政治、经济、文化制度形态，将来会以哪一种方式出现，则是未来的一个社会发展方向问题。尽管共享主义也涉及许多免费使用、让渡部分使用权等内容，但是都不会涉及所有制、所有权的变更问题。具体而言，共享主义能够比较好地表达共享理念所要求的价值判断、价值目标与价值追求。我们可以把目前已经形成的共享平台、共享单车、共享汽车等技术方式和生活方式，称为共享主义。所以，共享主义可以归属于哲学上的节俭主义、快乐主义等大类，是一种重要的人类价值判断与人类生活追求，而不是归属于社会主义、资本主义等社会制度大类之中的。但是，由于社会主义与共享理念的天然联系和现实追求，社会主义的目的、手段与实现方式等将会更多地引领共享主义的形成与发展。同时，资本主义为了缓和固有的矛盾而被迫采取缩小不平等、增强社会公平的制度设计等，也有助于共享主义的丰富与进步。共享主义在未来的发展过程中，也可能由此从哲学上的价值判断与价值追求走向社会发展中的制度要求与制度目标。也就是说，在这种生活方式、生活哲学基础上，共享主义有可能成为社会主义与资本主义博弈发展下，并且在社会主义价值体系，特别是共享发展理念引领下，人类社会走向的一种新的社会方式或者说社会形态。这是一种预判，也是一种历史主义表达。因为社会主义运动从初始理念到空想到基本理论，再到实践发展都是客观存在的，而且源远流长，社会主义本身必然已经包含着一种价值属性。当然，如果从这个意义上发展出共享主义形态则已经超出了我目前所能讨论的共享主义概念了。

共享文明的发展同样是一个艰难曲折的过程

到目前为止，共享文明还是一个古老而新鲜的事物。古老是因为人类童年就拥有共享的基因，新鲜是因为人类把共享文明作为一种文明形态还是一种新的选择。新事物最初出现时，往往是稚嫩的、弱小的，也是不完善的。而且，共享文明来自不同文明，又能消除不同文明中那些落后、消极、对抗等理念、观点和方法。这种消除不是破坏与重建，而是在融合不同文明基础上的超越与发展。**如果说人类文明是一个不断上升的楼梯，那么共享文明则是目前人类爬到的最高一层台阶。**所以，共享文明发展的曲折性也就是十分自然的了。

从理论上看，社会进步从来都不会是一帆风顺的，因为衡量社会进步的尺度是生产方式，而生产方式决定社会的性质和面貌，决定一个社会的基本制度、阶级结构以及政治、法律、道德等观点。生产方式又是生产力和生产关系的统一，其中生产力决定生产关系。也就是说，生产力才是社会进步的最高标准。所以，社会发展具有历史性、复杂性和多方面性。因此，在具体考察社会的进步程度时，除了把该社会现实的生产力作为衡量社会进步的最高尺度外，还要联系该社会生产力发展的历史状况，联系该社会生产关系的性质和状况，以及该社会所生产的物质财富和精神财富能在多大程度上满足人民的物质和文化生活的需要，并对该社会的政治、法律、科学、道德、文学艺术等各个领域，按照各自的特殊标准进行衡量。这一切构成了人类文明发展与进步的基础。

从人类的文明史上看，自文字发明以来，也不过七八千年，这与漫长的人类文明史相比的确太短暂了，不过百分之一而已。我们如果从人文地理学的角度来观察人类文明发展过程，至少有三个方面的特征：第一，人类文明的发展不是突然的，而是逐渐创造、积累、发展和流传下来的，都有一个曲折的过程。比如，有史时代的许多文化都源于史前时代的人类活动。中国有史时代的文明就与距今约四五十万年前的北京人、蓝田人等史前人类活动紧密相连。第二，不同的人类文明都会因为环境的变迁、时代的更换而发生改变，甚至出现进退不一的现象。比如，史前有许多强盛的民族在后来不知道因什么原因就灭亡了，文明也消失了。有的弱小民族后来却发展壮大了，文明也发达了。第三，人类社会既表现出文明、进取、合作的发展力量，也流露出非文明、互相搏杀的卑劣天性，在推动人类文明发展的同时，也直接损毁了文明。特别是种族、语言、宗教等方面的分歧，往往成为阻碍文明发展的重要原因。这一切都显示出人类社会发展的曲折性和人类文明发展的艰巨性、复杂性，从而进一步警示人们，一定要通过和平共处、互相合作的方式，人类社会与人类文明才会拥有光明的前途。

人类文明在近现代的发展也是一个曲折的过程，随着欧洲文艺复兴运动的兴起，在思想革命和科学技术的推动下，特别是一系列新技术的发明与发展，加上资本日益活跃与银行业的发展，以追求利润为目的的资本家，为过剩的资金寻求投资的出路，先后在商业、银行、造船、电力、能源等方面进行大规模投资，极大地推动了制造业和世界贸易的发展，推动了资本主义发展，在19世纪后期逐步形成了世界资本主义向帝国主义过渡的历史局面，并且在20世纪初开启了社会主义与资本主义博弈发展的时代。虽然人类在最近二百多年创造了比以往世纪加起来还多的财富总量，但是社会的资源和财富由少数人霸占，大多数人没有生存所需的生产资料，要活下去就得为少数人劳动，社会长期处于剥削与受剥削的状态，人类并没有进入一个美好的时代，相反却进入了文明发展与堕落并存的时代。正如英国作家狄更斯在《双城记》的开头描述当时社会情况时所说："这是最好的时代，这是最坏的时代；这是智慧的时代，这是愚蠢的时代；这是信仰的时期，这是怀疑的时期；这是光明的季节，这是黑暗的季节；这是希望之春，这是失望之冬；人们面前有着各样事物，人们面前一无所有；人们正在直登天堂，人们正在直下地狱。"由近现代资本主义主导的人类文明的特征在这里被表现得淋漓尽致。

共享文明的发展同样是一个艰难曲折的过程。第一，共享文明是在与非共享文明斗争中发展起来的，非共享文明如狭隘的民族主义、偏执的意识形态主义、各种极端主义、恐怖主义等，还可能在某些时候翻云覆雨，阻碍和破坏共享文明的发展。第二，在以往的文明形态中，社会主义文明拥有丰富的共享文明要素。但是，社会主义文明毕竟不是共享文明的代名词，社会主义文明本身还处在不断发展与完善的过程之中，无论是价值体系还是制度体系都需要创新。而且，共享文明是对社会主义文明的继承、发展与超越，两者之间天然地形成了相互促进的协同关系，协同也是一个发展的过程。第三，直到今天，社会主义文明仍然在与资本主义文明及以不同形式出现的以往其他文明形态进行博弈与斗争，其本身也说明了共享文明的发展是一个更加漫长的过程。第四，共享文明体现了社会公平与正义，从历史上看，社会公平与正义又是最难做到的事。每个人心目中的社会公平与正义都是不一样的，不同社会文化、不同社会体制下的社会公平与正义也可能不太一样。实现社会公平与正义，一方面需要社会公德、需要个人美德，另一方面更需要公正的社会制度与法治基础。两者相互作用，共同促进社会公平与正义得以实现。**共享文明中的国际共享形态是一种国际社会间发展起来的文明形态，需要个人美德、社会公道与国家道德，也需要相应的国际关系准则、国际公约、国际法加以规范与约束。这条道路自然不会平坦。**第五，共享文明又是在以往文明交流、融合与超越基础上产生的一种新的文明形态，也需要一个培育与发展的过程。尽管前行的道路如此艰难，但共享文明作为 21 世纪人类文明的重大趋势已经在现实生活中崛起，人们必将面对困难、管控分歧，共同把人类文明带入一个更好的发展阶段。

所以我的一个基本结论是，**不同文明之间的融合既是人类文明发展谱系所显示出来的人类文明发展的重要方法，也必将成为共享文明发展的重要特征。共享文明因其共享的价值特征，将会在社会主义文明的激励下，融合资本主义文明等不同文明中的合理的、积极的要素，让人类文明在 21 世纪绽放出更加炫丽的人本之光、人性之光。**

第三章

价值：共享文明的本质追求与人类终极关怀

人类文明发展的根本价值就是让人回到人本身的价值，回到人的发展。进入 21 世纪，人类已经进入前所未有的十字路口时期。如何往前走，如何选择路口是人类共同面对的问题。唐代韩愈在《进学解》中说："障百川而东之，回狂澜于既倒。"意思是，疏通条条奔流的河流，让它们向东流到大海里去；尽管面对狂涛汹涌，也要努力拼搏，不能被颠覆。**拥有信仰就会有希望。所以，人类尽管不太可能崇尚一种信仰，但可以拥有共享价值。**同时，人类所拥有的共享价值能够防止社会不平等导致的共享发展失衡，避免和消除因对共享认识与实践的偏而出现的问题。共享作为一种理念，往往是一种非物化的表现形态，必须有良善的人文作为支持。经过物化与人文的融合而共同创造的共享才会拥有丰富的共享文明的内核——共同价值，进而发展成为人类文明的一种新形态。正因为如此，人类所拥有的共同价值为人类的未来发展开辟了道路。

面对人类文明发展出现重要困境的 21 世纪，共享文明的核心价值所表现出来的与人类终极关怀的一致性追求，已经为人类发展指明了一个前行的方向。所以，我们不仅需要更深刻地寻找人的价值与意义，更需要由此更好地推动人类发展与世界发展。

共享文明的本质追求是正确处理财富与多数人的关系

共享文明是人类文明的最新发展形态，应当最能体现当代物质财富与精神财富的统一，最能体现科技推动的生产力发展与人本主义蕴藏的人文精神的统一。然而在今天，世界发展的主要趋势并没有显示出这种统一性。市场全球化越来越激烈，人的全球化却越来越要求被保护，财富全球化流动又越来越拉大了社会的贫富差距，这一切显然与全球化所要求的共享发展是背离的。**全球化的关键在于市场一体化发展，但是市场化不能仅仅突出如何创造与聚集财富，更应当在于通过一定的制度设计来回答如何分配财富的问题，以此推动人类社会与人类文明向前发展。**关于市场对分配的失灵问题，罗尔斯明确指出："市场的弊端和缺陷常常是很严重的，政府分配部门必须制定一些补偿措施。垄断的限制、信息的匮乏、外部经济效果和不经济等现象必须得到认识和纠正。而且，市场在公共利益的场合完全失去了作用。"[①] 在市场全球化发展之下，这种矛盾变得更加突出，任何国家与国际社会只有高度重视公共利益及其规范机制，才能推动人类社会共享发展。

再深入地讲，文明是人类发展的产物，是人的自然性与社会性综合而成的表达，是个人发展与整体发展的价值形态。所以，文明的一个重要特点是揭示了人与人之间的关系，也集中反映了人们处理财富与多数人的关系。人生而平等，人无高低贵贱之分，但是人的天赋、代际传递、文化积累以及资源利用、创造能力和社会制度的作用，促使人与人之间产生了不同的财富地位和社会身份等。所以，在文明基础上构建的共享文明，反映的是人们以共享的方式来处理财富与多数人的关系。由于财富的本源是人与资本的关系，所以，财富与多数人的关系本质上就是资本与多数人的关系。

资本与多数人是人类社会发展的两大推手。这两大推手哪个都不能少，少了任何一个，就摘不到果子，就跛脚了，就跑不起来了，更谈不上健康发展了。我们只有正确地认识资本、把握资本，才有可能创造更加丰富的物质财富；只有明确了多数人原则，才会有和谐的发展环境，才有利于更好地运用资本，让资本更好地造福于人类。如果不能让资本更好地创造财富，即使有多数人制度作保障，也不可能让多数人过上好的生活；如果只能激发资本创造财富的机制，却没有多数人的目标，也不会成为一个好的社会。

---

① ［美］约翰·罗尔斯:《正义论》，何怀宏、何包钢、廖申白译，中国社会科学出版社 1988 年版，第 263 页。

所以，任何时候，正确处理资本与多数人之间的关系都非常重要，并且这在一定程度上可以决定社会的发展方向与状态。无论是资本主义发展史还是社会主义发展史都清晰地说明了这一点。资本主义首先抓住的就是资本，它的发生与发展都得益于资本，没有资本也就没有资本主义，资本与资本主义存在着天然的联系。资本主义高度重视资本与运用资本，也就是看重市场、运用市场。资本与市场结合起来以后，进一步激活了创新，经济发展快了，社会财富也就迅速地增长起来了。但是，**资本主义有一个天然的缺陷，那就是没有建立多数人原则，没有树立多数人的价值目标**。所以，资本主义尽管看到了资本的好处，重视了资本，由于没有把资本与多数人联系在一起，从20世纪90年代开始问题就多了，经济发展放慢了，各种社会问题出现了，从而不得不调整资本与多数人的关系。如前面谈到的法国经济学家托马斯·皮凯蒂，他在《21世纪资本论》中就对资本主义产生的体制性矛盾与问题进行了深刻挖掘与解剖，揭示了资本主义制度下资本收益与劳动收益之间的矛盾及其给社会发展带来的问题等，再一次推动了人们对资本主义的反思、研究与批判。

社会主义从产生的时候就高举多数人主义，以绝大多数人的利益为目标。这是社会主义的本质特征之一，是社会主义的基本基因，也是其制度优势所在。但是，社会主义在早期的发展过程中，往往没有客观地认识资本，没有正确地对待资本，更没有肯定资本对社会创新、财富创造的价值和意义，反而把资本完全否定了，只看到了资本"每个毛孔都滴着血和肮脏的东西"，没有看到"资本的文明"，因此总是把资本当作落水狗来打。这样一来，问题就大了。传统社会主义在客观上否定了资本，其实就是否定了创造财富的一个根本动力，社会也就失去了创造的活力。这样的社会主义只会是贫穷的社会主义，是落后的社会主义，是绝大多数人不需要的社会主义。之所以会出现这样复杂的情况，主要是因为无产阶级并不是首先在最先进的资本主义国家建立起社会主义政权的，这样的社会主义自然没有很好地认识资本、理解资本，并且运用资本发展经济了。恩格斯在《共产主义原理》中曾经说："共产主义革命将不仅是一个国家的革命，而将在一切国家里，即至少在英国、美国、法国、德国同时发生。在这些国家的每一个国家中，共产主义革命发展得较快或较慢,要看这个国家是否工业较发达,财富积累较多,以及生产力较高而定。"① 也就是说,马克思、恩格斯所设计的社会主义是首先"在最先进的资本主义国家"建立起来的新政权,由于"工业较发达,财富积累较多,以及生产力较高",当然掌握了资本的规律。事实上,社会主义是在资本主义不发达,甚至没有经历过资本主义的、生产力比较落后的国家首先取得了成功,比如苏联、中国等。但传统社会主义理论对资本的片面认识,加剧了对资本的批判与打击,资本不但没有成为发展经济的基础,反而成了被限制、被扭曲的对象。对此,20世纪70年代末中国就开始警醒了,开始纠正偏差和问题了,开始重新认识资本、运用资本了。到20世纪90年代进一步把资本与市场结合起来,创造了经济持续高速增长的奇迹。所以,仅仅有资本,没有多数人主义,那是不行的,是没有前途的;仅仅有多数人主义,而否定资本,"割掉"资本,也是不行的,也不会有什么好的前途。资本是人类的文明成果,不姓"资",也不姓"社"。马克思就曾经充分肯定了"资本的文明面"。他明确认为:"资本的文明面之一是,它榨取这种剩余劳动的方式和条件,同以前的奴隶制、农奴制等形式相比,都更有利于生产力的发展,有利于社会关系的发展,有利于更高级的新形态的各种要素的创造。"② 资本既可以为资本主义服务,同样可以为社会主义服务。**社会主义拥有多数人的目标,一旦重视资本、运用资本,社会主义制度优势也就整体发挥出来了,社会主义就会真正强大起来。**这样的社会主义才会不断创造出丰富的物质财富与精神财富,多数人在拥有制度保障的同时,才会拥有强大的财富保障。资本主义也越来越看到自己的制度缺陷,看到对多数人制度的缺失,于是一直在用不同的方法进行调整和弥补,让多数人得到应有的尊重与保护。至少,这样的趋势是明显的。所以,主观上不管资本主义承认不承认,客观上他们正在往多数人主义方向走。不管怎么评价,社会主义已经前所未有地重视和运用资本了。从这个意义上说,虽然资本主义还在千方百计地遏制社会主义,企图通过各种"颜色革命"演变社会主义,但是资本主义也应当正确地反思历

---

① 《马克思恩格斯选集》(第一卷),人民出版社1972年版,第221页。

② 《马克思恩格斯文集》(第七卷),人民出版社2009年版,第927—928页。

史、预判未来，资本主义与社会主义也许并不总是"冷战式"的对头，也并不一定只有"你死我活"的选择，资本主义在变革中更多地接受社会主义的许多精神与价值，社会主义也更好地运用了市场经济方式与手段等，都是正在深化的现实选择。**在此，我想到的一件大事是，马克思的《资本论》第一卷从 1867 年问世至今已经 150 年了，马克思所揭示的资本主义本质关系及其基本矛盾并没有变。与此同时，中国社会主义经济随着经济全球化的深入发展，已经融入到全球经济之中，而且已经成为国际投资舞台上的重要参与者。对外直接投资不断发展，与资本主义国家的经济联系也日益密切，许多全球治理理念越来越受到国际社会的广泛认同，所以更需要深入理解马克思的《资本论》，更好地把握资本、运用资本，处理好资本、财富与多数人之间的关系，让资本为人类发展发挥积极的作用。**

所以我相信，现有的任何经济制度、社会制度都不是永续不变的，必然会经历一个长久的演变与发展过程，并在未来发展中进一步变化。比如 20 世纪 80 年代初，邓小平根据当时中国改革开放的实际情况，提出了让一部分人通过劳动先富起来，通过先富带后富，实现共同富裕的目的。实际上一部分人的确通过劳动、资本、技术等方式先富了起来，但是目前还没有实现共同富裕的目标。而且，我们必须深刻思考的是，一部分人富起来，其他人不能仍然贫困。也就是说，一部分人的财富可以增加，其他人的财富却不能减少。这在客观上也需要加快推动共享文明建设。中国国内发展如此，国际社会发展也是一个道理。2017 年 6 月 13 日，欧洲中央银行突然宣布：增持价值 5 亿欧元的人民币作为外汇储备。[1] 这是欧洲央行首次持有人民币外汇储备。几天后的 6 月 21 日（北京时间），全球最大指数编制公司 MSCI（摩根士丹利资本国际公司）宣布，将中国纳入其新兴国家指数。[2] 这说明了什么呢？说明国际资本市场对中国的认可，意义重大。究其原因可能有两个方面：一是中国力量的影响力日益强盛。最近三十多年来中国经济持续发展，已经跃居世界第

---

① 参见《欧洲央行首次持有人民币作为外汇储备，史无前例》，中国网 2017 年 6 月 20 日。

② 参见《A 股纳入 MSCI 指数，资本市场开放又迈一大步》，《人民日报》2017 年 6 月 22 日。

二大经济体，2016 年中国成为世界最大货物贸易国、第二大对外投资国和最大境外消费来源国。中国综合国力不断增强，对世界的影响越来越大。二是中国在国内坚持共享发展的同时，在国际社会中坚守"不称霸"的承诺，坚持"有好处大家一起分享"的准则，既不在国际事务中"挑事儿"，也不会通过国际贸易往来的结算手段和方式"剪羊毛"，人民币自然越来越受到各国的青睐，从而加快了人民币的国际化进程。

由此可见，**一国的共享能够引导国际共享**。人类社会发展到今天这个互联网时代，这个信息智慧高度发达的时代，人类的智慧或许可以通过资本与多数人的原则，把资本主义和社会主义这两大不同的社会制度引向相互借鉴、相互促进，并且在许多具体事情上逐渐消除对立，走向合作与融合，走向共同发展与进步的地步。从目前的情况来看，在相当长的时间里，这或许是一种大趋势。所以，西方快速发展的高新技术将不断地为世界经济发展提供新的工具与新的平台。中国追求共同富裕的伟大实践问题也一定能为全球共享发展提供最现实的共享理念和经验。

共享文明的本质追求使人再一次回到人本身

什么是人？这是一个永恒的问题。人首先不能是一个政治化或泛政治化的概念。社会在发展，人在发展，人的认识也在发展。但是，如何定义人，如何解构人的内心世界以及人与外部世界的关系，一直是人类最崇高的学问和哲学首先发出疑问的难题。哲学的根本问题就是人的问题。人的问题在本质上是自然属性与社会属性的关系问题。今天，我们还是只能通过对人的本质的认识获得对其本性的认识。一般认为，人的本质是人的自然性与社会性的统一，是能动性与受动性的统一，是共性与个性的统一。对此，马克思当年最经典的论断是，人的本质并不是单个人所固有的抽象物，在其现实性上，它是一切社会关系的总和。那么，人的发展又是什么呢？从哲学的角度说，人的发展就是人的主体能力的发展。人的发展又是有规律性的，具有不平衡性、顺序性、阶段性、互补性和个别差异性。所以，人的发展是一个复杂而绵延的过程。法国思想家帕斯卡尔说过一句经典的话："人是一枝有思想的芦苇。"人的生命像芦苇一样脆弱，但人生命的高贵之处是能够思想。正因为人是有思想的，所以人的发展自然复杂而绵延。

在这个认识基础上，我认为，人的每一次发展与进步都是人的又一次回到人的本身——回归人性的过程。人性是人类一直面对和追寻的重大主题，人性是永不磨灭的生命旋律。东西方对人性的认识和把握自古以来源头不同，也就形成了不同的特点。中国传统文明几千年来都一直以人为核心思考人与人、人与社会、人与自然的关系问题，比如，从周天子至今，人的问题一直没有间断过。也就是说，东方一直在探求一种有等级的共享，反而形成了一种具有稳定性的历史文化。西方一直追求平等基础上的共享，却表现出强烈的动荡性、割裂性，甚至毁灭性。但是，在重视人性、向往人性的美好价值等方面，东西方一直保持着同样的认知高度和深刻追求。

所以，人类文明的本质是人的文明和人性的文明。离开了人本身，人类就无所谓文明。特别是最近几百年来，人类文明发展的历史取得了以往几千年都不可能创造的伟大成就，但是人与自然的关系、人与人的关系、人与社会的关系、人与自身身心的关系也在日趋紧张，甚至持续恶化，重要的原因之一就是以人为本的人文精神常常迷失了，甚至丢失了。人一步一步地陷入现代文明诸要素博弈发展的困局中，又在资本、技术、财富的作用下，渐渐远离了人的共生、共存与共享的本质要求。

尽管如此，共享一直在人们的追求中艰难地延续、发展着，因为人类文明的本质是人的文明和人性的文明，而不是其他别的价值与追求。而且，共享文明的核心也是人，是人的全面而自由的发展，人没有这样的发展也不会追求更高级的共享文明。所以，离开了人，也就无所谓共享文明。共享文明是人的文明。比如现代城市文明的核心是人的文明，必须坚持城市的主角是"人"。第一，城市发展的推动者是人。千千万万的人从乡村来到城市谋生，他们在创造新的生活的同时，也带来了城镇发展所必需的智慧、资本、才能和体力。第二，人们到城市来，寻求的是改善生存处境，这是发展愿望，也是一种"自利心"。正是人们的这种"自利心"，而非有意识地建设城市的"公益心"，反而推动了城市的成长。第三，城市的落脚点必须是"人"自身的发展。城市发展的目的是为了人，而不是为了城市。第四，城市的主角是"人"，城市的本质是"市"。城市是市场秩序扩展所形成的文明结果。从历史上看，大部分城市位于交通比较便利的地方，正是因为在这些地方进行生产和交易活动比较方便，生产的产品容易通过方便的交通销售出去，所以城市是人的集聚地，是人的发展场所。城市首先是作为"市场"而存在的，市场的主体也是人。随着市场的内在扩张效应，越来越多的人到城市来，城市的规模也就扩大了。从这个意义上说，城市发展也是人类共享文明发展的必然结果。

共享文明还是人性诸要素所追求的崇高目标。人性是复杂的，人性的结构也是复杂的。古今中外诸多人性理论所阐述的诸多人性概念就是证明。一般说来，人性有十要素说，包含行为、形体、情感、精神、认知、目的、历史、未来、多面和多变等十个要素。而古希腊哲学家柏拉图认为，欲望、精神和理性是灵魂的三要素。灵魂指的就是人的属性，也就是人性。英国哲学家休谟在《人性论》中，讨论了一种人性结构与要素都很完整的理论体系，比如他用"知性"作为形而上的人性概念，然后以"知性"为理论核心分述了如道德、爱、恨、善、恶、正义、忠顺等二十余种人性要素。我则倾向于人性四大要素说，即本能、欲望、追求和意志。奥地利著名哲学家、20世纪现象学的创始人胡塞尔运用发生现象学方法揭示了本能、欲望、追求和意志之间的动机引发关系。在他看来，意志是一种具有自我意识的积极主动的行为，本能是本源的意志现象，它作为意志行为的低级阶段，属于前自我的意识活动。不仅如此，本能还可以成为意志的直接驱动力，并在自我构造世界的过程中具有原始的力量和作用。由于本能具有任意性、偶然性和非理性，因此它需要意志引导和确定实践目标。与本能不同的是，欲望在本能之后，它可以是积极主动的也可以是被动的，而本能则具有完全的被动性。本能是欲望的预备阶段，意志是欲望的最高阶段。追求体现了"为了什么做"，而意志体现了"为目的能做"。追求兼有被动性和主动性的双重特征，在等级上仅次于意志。要真正成为意志实现的动力，追求必须体现价值这一本质性目标。由此，胡塞尔批判了享乐主义者和功利主义者，认为他们把追求建立在自然主义人性论基础上，即本能和欲望的基础上，追求的是趣味和快乐，而非价值。[①]

我们在谈到人性的同时，更多关注的是人性中的部分道德，而人的道德必然接受两方面的约束。一方面，道德是否存在一些先天性的决定因素和自明原则呢？同一父母所生、在同样环境里成长的兄弟姐妹会表现出不同的道德观念、道德意识和道德行为方式，其中有没有先天因素的作用呢？另一方面，道德必然接受外界的制约，一是美好的呼唤，二是致良知的培育，三是应有的规范。人性只能既是自由的，又是受到边界限制的。如果单方面强调人的自我约束，强调道德的价值与作用是不够的，必须同时加强制度建设和法纪建设，用制度遏制人性的弱点包括丑恶现象的影响，才可能培育出积极向上的人性，让人回到人本身的价值上来。

所以，人性是自由的，如果放任其自然发展，只会使其走向狭隘的个人主义、精致的利己主义道路上。人性只有接受应有的规则，才会促进人性内在个性与整体性的协调、统一，与自然共同发展，与社会同在。人回归人本身是一个复杂而曲折的过程，那么共享文明的核心价值所追求的人再一次回到人本身，也必然是一个复杂而曲折的过程。

共享文明是人类文明第五次人性回归的结果

共享文明的本质就是对美好人性的不断发掘与表达。如果缺乏美好人性这个基础，缺乏对人性的关爱，那么任何文明都没有价值，也没有意义。东方"性善论"的要旨在于弘扬人性中那些积极的向往与追求。西方"性恶论"立论的基点在于警醒人性中那些消极的认知与影响。两者关注的重点都是人性。共享和共享文明也需要人性基础，既要重视整体利益，也要认同人性中的利己主义。人性中存在趋善避恶的基本价值倾向，在市场经济社会，主张合理的个人利益、维护个人的合法权利也是必然的。这也是人类文明能够走

---

① 曾云：《本能、欲望和追求——胡塞尔关于意志行为的发生现象学分析》，《中州学刊》2016 年第 8 期。

向共享的一个基础条件。认同个人利益，才会有在合理处置个人利益基础上的共享。而且，**就个人追求来说，共享就是适度地让渡个人的部分合法利益而为他人、为社会服务。人们用理性、善良让渡一些个人利益，就像城市里预留出越来越多的公共草坪与空地，虽然少盖了一些高楼，但人们的生活空间反而更加舒心一样。所以，人们让渡个人的部分利益，得到的却是共同构建起来的一种新的文明形态。**同时，共享和共享文明应当转化为人们的一种普遍情感与社会心理，体现在社会各个阶层的实际生活中，并逐渐成为人们在社会情境中的一种行为选择与生活方式。所以，离开了基本的、良善的人性，离开了善良的价值选择，人类就无所谓文明，也无所谓共享与共享文明。

人类社会发展至今，一方面是人性的发展，另一方面则是人的社会性的发展。人们在谈论人性时往往陷入两种片面性：要么片面地看重自然性，强调自由性、自主性，反对规范与约束；要么片面地看重社会性，用意识形态的观念认识人、把握人，陷入泛工具化、泛政治化的泥潭中。其结果都是没能很好地认识人，在实际生活中往往使人陷入重重困扰之中。人的价值才是人的本质追求。所以从价值学或价值性上看，**人性在发展过程中形成了人性三大定律：爱的定律、趋善避恶定律、共享定律。**人性第一大定律是爱的定律。爱是一种人类情感、一种不求回报的付出、一种出于内心深处的呵护与关怀。首先，爱源于人的自然本真、源于生态，是一种"本能的爱"；其次，爱源于人的基本的社会关系链接，是一种"血缘的爱"；再次，爱源于社会规范、社会制度、社会契约等，是一种"公民的爱"。第二大定律是趋善避恶定律。这是人性的基本追遁，直接与人的"善恶价值"紧密相连。也就是说，人们总是希望得到对人有益、让人喜欢的好东西，总是避免对人有害、让人厌恶的坏东西。18世纪法国伟大的启蒙思想家让·雅克·卢梭曾经深情地告诫人们说："人人生而自由，但又无处不在枷锁中。"他在这里所揭示的就是人的基本价值取向与人的局限性、人的可悲性。第三大定律是共享定律，又被称为人性黄金定律。这也要从三个方面来理解：首先，共享是人性的一种本能需要，没有共享也就没有人类社会；其次，自然人、经济人、社会人之所以延续发展的根本基础是共生、共建与共享，否则也就无所谓自然人、经济人、社会人的存在与发展；最后，共享与人类同生、共在，并在不同的历史时期发挥着最基础的作用，只是到了 21 世纪，人类在面对更加复杂的发展情况下，共享才进一步凸显出人类伟大的价值与作用。

人性存在的这三大定律是人性内在要求与外在追求相互作用的表现形态，也是推动人类文明发展最基本的内在源泉。而且，这三大定律总是以不同方式作用于人类文明发展，也往往以不同的强弱程度作用于个人、群体和社会，使文明呈现出不同的特点。特别是随着科学技术的进步，生产力与生产关系之间的矛盾常常成为拷问人性本质要求的社会基础，促使人性一次又一次回归与超越，进而从人性的价值角度推动文明不断发展与升级。而且，人性存在三大定律作为文明发展的内在源泉，往往与文明发展的客观环境所形成的外在动力相结合，构建出不同的文明形态；又总是在人类发展出现困境时以不同的方式引导人们回归人性的基本价值，从而一次又一次照亮人类前进的道路。以此观照现实，到目前为止，**人类社会先后至少完成了五次人性回归。每一次人性回归的结果都出现了一种新的时代，使人类进入一个新的文明时代。**共享文明已经是人类文明第五次人性回归的结果了。

第一次人性回归，是在遥远的神话时代。我们知道，人类在原始形态下，普天之下都是神。当年，我们的祖先姜子牙做了一件了不起的大事。据说，我的祖先就是姜子牙，也不知道姓姜的怎么变成姓卢的了，说是他第七代子孙被封为卢姓。不管怎么说，我的历代祖先们都认姜子牙为祖先。姜子牙搞了一个封神运动，搞了一个封神榜，把天下的神分得清清楚楚。其实，这件事反映的是人性的回归，是将人从神那里区分开来。人与神分离开来，人就是人，神就是神，大约是在新石器时代之前，年代大约为公元前 10000 年到前 4000 年左右，是人类史前或原始社会。在远古神话里，人与神往往是一体的。到了人能够制造简易的工具时，人才从神那里分离出来，于是看到了人本身的特点，或者说第一次看到了人性，开始了人独立发展的历史征程。这样，第一次人性回归的结果是人神分离，人进入了人的时代。

第二次人性回归，是在铁器时代出现的。大约在公元前 3500 年到前 2500 年，铁制工具和牛耕开始被人们使用并推广，土地的重要性显现出来，人与土地的矛盾成为最基本的矛盾。也就是说，这时候人们创造并掌握了新的劳动工具，比如发明磨制石器，开拓能力增强，有利于精耕细作，收获也就多了。于是，劳动力重要，土地变得更加重要。土地被以一种私人和集团占有的形式独立出来，结果人与土地分离了。许多人因此失去土地，变成自由的劳动力或者被土地役使的劳动力。人发明了新石器，结果变成了被土地奴役的人。

第三次人性回归，是人与宗教神权的分离。人类发展到宗教产生是一个历史过程。后来，不同地区的宗教发展出现了许多新的情况，特别是到了欧洲中世纪时期，宗教寻求与封建政治结合，并发展成为政教合一的体制，人又出现了与宗教神权统治的矛盾。直至欧洲文艺复兴运动，才把人从宗教统治中拉回人间，人回到了自然人，回到了自然的人性等，世界发展进入新人文主义时代。也就是说，西方经过文艺复兴运动、宗教改革等，打破了教会的精神垄断，使人们的思想得到了解放，人文主义得到了发展，而且重新发现了人本身的价值，把人从宗教神权那里拉回到人间，从此人就是人，宗教就是宗教。这是西方意义上的人与宗教神权的分离。中国则是另外一种情况。比如，佛教早年传到中国。到了唐朝的时候，出现了六祖惠能。他得到了五祖弘忍传授的衣钵，继承了东山法脉并建立了南宗，弘扬"直指人心，见性成佛"的顿教法门，把佛教拉回到了人间，成就了人间宗教。在他这里，人是人，神是神，人和神的关系相对比较平和了。人不是宗教神权的附属品。

第四次人性回归，是资本推动的结果，是大机器生产的结果。这时候人与资本分离开来，人们逐步认识到了人被资本和资本家双重剥削的事实，从而开始了剥削与被剥削之间的斗争与革命。基本特点是：随着机器化的发展，人日益受到资本的控制，资本剥夺了人的劳动成果，人不断地挣脱资本的压制而追求生存、发展、自由、平等的权利。这个时候，马克思诞生了。马克思深刻地揭示了人与资本、人与机器、人与资本主义制度之间的关系。人在大机器面前看到了人性的本来面目，人也再一次与现代科技大机器、与现代资本、与现代金融资本分离。其结果，是在相当长的时期内促进了资本主义与资本主义文明的发展，也预示了资本主义危机的不可避免。

进入20世纪末21世纪初，随着智能机器人、无人驾驶、大数据等高新技术的出现与发展，人性又一次与以智能技术为基础的高科技分离，人类历史上的第五次人性回归由此出现，其结果是人更加深刻地看到了人与宇宙的关系、人与自然的关系、人与社会发展的关系，也就是人看到了共享的关系与共享的价值，因而促进的将是共享文明的崛起与发展。所以，我们看到特朗普就任美国总统后就立即采取措施，希望把制造业拉回美国，其中一个重要的原因是人要就业，人仅有社会保障制度、有饭吃是不够的。在这一点上，我特别理解他，他是企业家出身，懂得人不仅要吃饭，还希望去劳动。劳动是人的一种本能需要，也是人快乐的需要。所以，一个互联网电商平台再好，比如可以让100万人上岗，也可能因此突然切断了就业链条而影响相关行业，如传统零售实体等，而使300万人下岗。这样的话，虽然也产生了新的就业上岗人员，但却让更多的人因此下岗，如果没有相应的渠道增加就业，就会带来社会隐患。当然，基于互联网的电商平台（所谓"互联网＋"的商业模式）是一种科技与经济上的生产、销售、交换、服务渠道，发展势头也很强劲，也可能是未来生产销售、零售等的重要方式，不重视、不研究、不发展是不行的，更是不可能的。我想说的是，我们在重视、发展电商平台等互联网生产、销售、服务的同时，一定要坚定不移地发展实体经济，发展产品经济，不能仅靠商业模式、靠资本运作模式去推动经济社会发展。从20世纪80年代开始，主要西方国家崇尚金融万能，用金融手段包括金融衍生品控制跨国公司，通过金融收割全世界的财富，同时逐渐退出以制造业为主的实体经济，以致在21世纪初爆发了严重的金融危机。今天，我们是否又会陷入另一种脱离实体经济，而专注以流通、服务为主体的经济形态呢？这样下去，二三十年以后，我们将会面对什么样的经济形态呢？我们还需要警惕的是，一个人似乎有社会保障制度就可以了，通过一定的社会保障制度就可以让人好好生活了。事实上，那是不行的。第一，社会保障制度是建立在经济发展基础之上的；第二，社会保障制度又是建立在人们劳动就业基础之上的。我是做企业的人，我很清楚这一点。比如我的企业可以让一些人不做事，可以养一些人，但这些人非常不舒服，因为这些人不是不能做事，是老板没有给他们提供机会。同时，那些做事的人也不舒服，他们做那么多事，工资只比不做事的人高一点。当然，最不舒服的是老板，因为两头不是人。所以，大家有事做、有饭吃，才是最好的。一般的商人都深深地懂得这一点，所以他要回归实体经济，要人就业。这一切在我看来，就是第五次人性回归的结果。

可以说，这一次人性回归是人与以互联网为代表，或者说以智能机器人为代表的新技术，包括与此相适应的商业模式的分离，人回归到人的根本，人需要劳动、需要就业，仅仅有社会保障也是不能快乐生活的。所以，人性第五次回归的结果是，人要坚守以人的主体性参与人类生产、生活等活动的尊严，并保持与自然、生态、社会的共同发展，推动的将是人类共享文明的崛起与发展。

所以，人类文明的本质是人的发展与人性的发展。离开了人本身的自由与幸福，其发展也就失去了最基本的价值与意义。

共享文明的本质要求与人类终极关怀的价值追求

共享文明的本质要求与人类终极关怀的价值追求是同一的，是高度一致的。

我们知道，人的高贵在于人的价值选择，在于人所拥有的有价值的生活。所以，人类总有一种终极关怀情结，总要追求人的终极价值。在人类思想史上，人的终极关怀始终是一个不能让人释怀的重大主题。古代中国思想史上产生了系统的人的哲学。在西方思想发展史上，人类的终极关怀不仅是神学的任务，也是哲学的主题。比如，西方哲学的终极关怀，指向的是彼岸神圣化的理念本体世界和现实超越的理念人生；中国哲学的终极关怀，指向的是此岸统释化的本然世界和现实永恒化的不朽人生；印度哲学的终极关怀，指向的是彼岸享乐化的真如世界和现实否定化的超度人生。但是，自古以来现实生活中的人却并没有因此而找到一个称心的栖身之所得以安身立命，反而总是陷在失却精神家园，备受人性危机、精神危机打击的痛苦选择里。这是什么原因呢？第一，人类的终极关怀是一个没有最终答案的问题。第二，人类的终极关怀是一个多元的问题，正如张岱年所说，古今中外关于人类的终极关怀就有三种类型——皈依造物主的终极关怀、返归本原的终极关怀和发扬人生之道的终极关怀等。① 第三，人类的终极关怀又是一个时代问题，不同时代对这个问题都有不同的回答。

在这里我想特别谈到的是，中国传统文明与马克思主义都高度关注人类发展的终极性。马克思主义认为，随着科技发展，社会生产力会获得极大的提高，生产关系将实行生产资料公有制，社会将把"每个人的自由而全面发展""自由人的联合体"作为社会理想的最高追求和价值目标，人类社会发展将进入最高形态——共产主义，而共产主义则体现了人类对美好生活的向往和追求。中国传统文明则认为，人类社会的发展理想状态是"天下为公"的大同社会，大同社会的理想状态是人人能够按需取得社会的分配权，人与人的关系融洽、平等，蕴含了中国自古以来就遵循的"以人为本"的社会理想与社会治理观——一种对人的终极关怀的思考与把握，体现出来的价值理性是人类对共享价值、共享文明的向往与追求。

这个世界再怎么变化，也是人的世界。人类社会无论做什么都要有人文关怀、人类关怀，而不能只是围绕经济和资本考虑，经济与资本只能是人的价值、人的幸福的实现工具。所以，共享文明所追求的价值就是人的价值，共享文明所追求的人本价值具有鲜明的人类的终极价值与现实意义。如果再进一步从总体上对共享文明作一个基本判断的话，至少有四个方面的特点：第一，不同文明以不同的方式发展到今天，都进入前所未有的改革发展时期，共享文明很可能是人类社会发展至今最具普遍共识的文明形态；第二，共享文明是一种超越性文明，是对既往文明的扬弃，也是全世界各种发展理念、发展模式、发展道路等因素相互博弈，甚至相互斗争而不断趋同的文明形态，不是不同文明相互冲突的结果，而是不同文明相互融合、发展超越的结果；第三，共享文明是全世界各种传统文明、各类思想家的社会构想、现实经济社会矛盾与人类终极关怀、最广泛的利益、最切实的行动等相结合而形成的文明新形态，是时代的产物，体现的是时代的发展与进步；第四，共享文明是日新月异的高新技术与人文科学从相互融合到相互背离，再到相互作用、相互融合，从而共同推动了体现人类童年最基本的发展原则——"天

---

① 张岱年：《中国哲学关于终极关怀的思考》，《社会科学战线》1993 年第 3 期。

人合一"文明形态的发展与形成，是人的本质的基本表现形态，也是 21 世纪人性回归的价值追求。所以，**从共享文明所追求的人本价值中，我们看到的是人类对人的终极价值的反思与追求。**当年，美国人莫尔斯发明了电报，并在 1844 年 5 月 24 日在办公室发出了世界上第一封电报"上帝做了什么"，此后全世界为之震惊，随之而来的有质疑、嘲讽，也有狂热与崇拜，接着便迅速掀起了疯狂的投资浪潮。在半个世纪中，电报业走过了从自由竞争到国家干预的垄断资本主义产业过程，终于在 21 世纪初彻底走到了尽头，退出了历史的舞台。回望这 150 多年电报业走过的路，我们看到的是当年作为最伟大的新技术的电报业从狂热与投资，到商业模式与罪恶，到形成新文化与影响伦理道德，再到亏损衰退等过程，本质上就是一种人性表达过程。今天的互联网、人工智能等技术发明与创新，已经走过了被人质疑与嘲讽的阶段，它还会沿着电报业所走过的路往前走吗？也会走出一条从狂热与投资，到商业模式与罪恶，到形成新文化与影响伦理道德，再到亏损衰退的道路吗？**如果技术有一个成长与衰落的过程，人文也会再一次走向如此的宿命吗？**不管怎么样，我们都必须警惕的是，互联网、人工智能等技术发明与创新必将催生和引领新文化、新文明的产生与发展，我们只有从人的终极价值来反思与追求新技术时代的人类发展，才能更好地体会电报业从兴起到衰落而留给人类的经验与价值，也才可能更好地理解互联网、人工智能、新能源、新材料等高新技术对人类文明的作用与价值。

所以，人类在追求共享文明中发现的是人，是人的价值的升华，是人类文明的发展与进步。与共享文明相应对的是人性的又一次回归，回归的是人的身心和谐，以及人与自然、人与社会的又一次更高级的协同与进步。

共享文明的价值决定于共享文明发展主体的价值

世界文明发展史告诉我们，多样性是世界文明的一个基本特质。人类社会从古到今从来就没有出现过一个大一统的文明类型。相反，每种文明都在顽强地表现着自己的多样性——在多样性中存在，在多样性中发展，在多样性中前进。所以，共享文明的发展前景是共同追求和深刻调节人类文明发展的一种形态，而不会也不可能是一种大一统的文明形态。这是为什么呢？一个重要的原因就是共享文明发展主体的多元性，所以，共享文明的前景决定于共享文明的主体，共享文明的价值决定于共享文明发展主体的价值。

从哲学上说，所谓主体，就是实践活动或认识活动的承担者。马克思主义认为，主体就是人，即从事认识活动和实践活动的个人或者社会集团。人类是唯一能够开展高级文明活动并为此承担责任的生物。而且，随着社会的发展与进步，文明活动越来越扩展到了人类族群、团体、社会或国家，主体也便从个体扩展到了社会集团。因此，共享文明不仅是指人的文明，也是一种全民的文明形态；不仅是一种所有个人都应当拥有的文明追求，也是一种人类族群、团体、社会或国家所拥有的文明形态。当然，任何主体都要对其行为的后果承担责任，而且这种责任无从逃避。那么，共享文明主体应怎么对自己的行为承担责任呢？一是共同责任；二是不同主体有不同的责任；三是不同主体承担自己在整体行为中所发挥作用的那部分责任；四是不同主体还应当承担在整体行为中的促进与监督的民主作用。概括地说，就是既要共享财富、共享美好，也要共担艰难、共担风险。

作为共享文明主体的个人及其价值。人类文明发展从来就没有否认个体的价值，相反，它一直都肯定每一个个体在社会和历史发展中所发挥的积极作用，以及在此基础上所形成的文明发展的合力。我认为，人的价值就是人的本质属性。荀子就曾经充分肯定了人的存在价值，他认为"人最为天下贵"。那么，为什么"人最为天下贵"呢？人之贵就贵在人的价值，就是人能够创造新价值的价值，人是一切价值中最高的价值。从自然发展角度来说，人要生存、发展就会有许多需要，既有物质需要，又有精神需要。而且，人的需要都必须依靠人的劳动去满足。也就是说，人只有把自己作为满足自身需要的工具，才能够创造物质财富与精神财富，实现人自身的价值。而且，人的价值既是自我价值，又是社会价值；既有物质方面的价值，也有精神方面的价值。所以，一个人越是通过自己的劳动来满足自己的需要，这个人的自我价值就越大。一个人的人格越高尚，道德价值就越高，道德价值越高，对社会作出的贡献也越大，这个人的社会价值也就越大。所以，作为共享文明发展重要主体的个人，一定要处理好人的发展与社会发展的关系，人的价值与社会文明进步的关系，努力成为一个社会物质财富和精神财富的创造者，为共享文明发展创造更多的个人价值。

作为共享文明主体的社会及其价值。我们需要把握的是，社会在现代意义上是指为了共同利益、价值观和目标的人和团体所结成的联盟。社会是共同生活的人们通过各种各样的社会关系联合起来的集合，其中最主要的社会关系包括家庭关系、共同文化以及传统习俗。马克思在《共产党宣言》中明确指出："代替那存在着阶级和阶级对立的资产阶级旧社会的，将是这样一个联合体，在那里，每个人的自由发展是一切人的自由发展的条件。"[①] 马克思关于自由人联合体和人的全面自由发展的表述，都是指未来高级的和谐社会的目标模式。**而社会的价值，特别是面对 21 世纪人类发展的社会价值核心应该是全社会，包括政府、企业、个人、社会组织、国际非政府机构等，都应当更好地认识自己，明确责任与义务，推动不同文化与文明的融合，凝聚共识，创造共同价值，共担时难，共享发展成果，共同超越 21 世纪人类发展所面对的"自然资源枯竭、人口收缩、资本无度扩张、科技非人性创新等发展陷阱"，人类才会拥有共享文明这簇"普照的光"所滋润的美好明天。**这是社会的责任与价值，也是社会的前景。

作为共享文明主体的国家及其价值。作为一个重要的发展主体，确定发展战略与政策等，对国家发展具有决定性的意义。正如北京大学教授林毅夫在谈到新自由主义经济理论时所说的那样，新自由主义经济理论在发展中国家的推广蔓延，并没有给发展中国家带来经济繁荣，反而弊端不断暴露，消极影响日益凸显，给众多发展中国家经济社会发展造成了严重危害。例如，拉丁美洲和东南亚一些国家，由于推崇新自由主义，并在西方国家的压力下，推进贸易自由化，放松资本账户管制，实行大规模私有化，减少国家对经济生活的干预，导致国家经济严重衰退。同时，每一个国家或地区都有自己的意识形态要求，体现的是国家或地区的重要价值选择。但是，不同的意识形态不能成为国家或地区之间产生矛盾与博弈的原因，更不能成为相互对抗与

---

① 《马克思恩格斯选集》（第一卷），人民出版社 1972 年版，第 273 页。

攻击的理由。比如西方一些国家把他们所信奉的一些西方中心论意识形态作为攻击不同意识形态的国家或地区的工具，既不利于国际共享的发展，又会成为影响国际共享文明发展的不利因素。

作为共享文明主体的世界及其价值。作为一个重要的发展主体，世界或者国际社会中的非政府机构和组织的国际化协定等对国际共享具有重大促进作用。我们已经看到的一个事实是，由于世界经济生产、交换、消费方式的全球化以及互联网发展，国家主体力量在弱化，过去那种单一国家或少数国家主导世界秩序的传统模式已经衰落，而且在世界发展中的国家作为权力主体的模式也发生了本质上的改变。最明显的是，在 21 世纪全球治理中，除国家这个主体之外，还有跨国大公司、国际机构、非政府组织等都已经发展成为国际间的新主体。如果不寻求这些新主体的合作，全球治理就难以寻找到更多来自商业、金融、技术、资本等层面上的支持。特别是面对多元发展的21 世纪，人们更希望坚持多元主义的对话与合作，追求和平而非暴力的发展方式，因此如何发挥这些新主体的作用就显得日益重要。

同时我们必须认识到的是，作为共享文明的主体，无论是人、族群、团体、社会或国家等，其基本构成元素都是人。世界上最难研究的对象就是人。自然科学的主体是人，社会科学的对象是人以及人文。**人最具多元性，最难达成统一的认识标准与认识结果。自然科学最难认识的奥秘在人的身心。社会科学也因此最难出成果，更难出大成果，出大思想家尤其困难。也正因为如此，人们对共享与共享文明的认识和把握总是存在差异，甚至存在很大差距，这也是相当自然的事了。**这种差异并不可怕，因为差异是相互促进、共同发展的外在动力。

所以我的一个结论是，价值和共同价值是共享文明的本质追求。共享文明是由人类共同价值构建的文明形态，既是对人类文明历史的一种延续与总结，也为人类社会发展开辟了一条新的道路。文明是社会发展的一种内在动力，文明照耀的社会才会是美好的社会。在此基础上，人类对共享文明的追求，必将为人类终极关怀谱写出新的历史发展篇章。

第四章

超越：从人类文明共同体到人类命运共同体

这里所说的超越，既是共享文明对不同文明的超越，也是共享文明对人类社会发展的一种引领。宋代文豪苏轼说："不识庐山真面目，只缘身在此山中。"[①] 人类发展的本质就包含了共享文明这一基础，只是人们有时认识不到，有时又由于多方面的原因，一时看不清罢了。人类社会发展到今天，当代高新技术不断推平了有形的山川湖海，全球政治、经济、文化等领域已经进入了以往任何时候都不能比拟的相互联系与博弈的时代。任何一个民族、地区、国家都不能孤立地发展了。大家再一次认识到人类的命运已经联系在了一起。而且，人类要实现更好的发展，就必须超越以往那些狭隘的文化传统与意识形态，建立人类命运共同体，共同面对困难，共同享有发展的成果，在全球发展的基础上实现一个民族、地区、国家的追求与目标。而这一切发展又只能从寻求共同价值与共享文明出发，构建人类文明共同体，并在此基础上进一步构建人类命运共同体，推动共享在全球的发展。

所以，从文明本质上说，从人类文明共同体到人类命运共同体是文明发展的第二次飞跃。人类文明发展从总体上看，第一次飞跃就是不同文明体、不同国家和地区在发展中所形成的从利益共同体到文明共同体的过程，比如中华文明就是一种典型的文明共同体。人类文明在第一次飞跃的基础上，不同文明相互交流、融合与超越，进而形成共享文明共同体，再发展到更高级的利益共同体，到更高级的命运共同体——当今世界发展的目标与方向，并在此基础上形成共享文明形态，推动人类进入一个新的文明时代——共享文

---

① 苏轼《题西林壁》："横看成岭侧成峰，远近高低各不同。不识庐山真面目，只缘身在此山中。"

明时代，实现人类文明的第二次飞跃。**我相信，拥有丰富共享基因的中华文明有可能引领全球共享发展与共享文明向前发展的道路。也就是说，中华文明有可能引领世界实现人类文明的第二次飞跃。**

人类文明共同体与人类命运共同体

人类文明共同体与人类命运共同体之间存在着紧密而深刻的联系。我们先来看看欧洲的情况。从本质上说，欧洲首先是一个现代文明共同体。从远古开始，广袤的欧洲大地上就产生了无数个城邦国家，人们居住在不同区域，但是通过一定的国家利益原则、宗教意识形态、社会制度、贸易规则、货币要求等形成了共同的现代基础文明，使欧洲在 20 世纪后期终于走上了构建命运共同体的道路——逐渐从欧洲共同体发展到欧洲联盟。这至少说明了三个问题：第一，不同文明能够共同构建人类文明共同体，欧洲历史上城邦众多，有着很多不同，但至少宗教价值是相同的，并构成了文明共同体的核心价值与基础；第二，国与国之间、地区与地区之间，乃至全球性的命运共同体是可以构建的；第三，命运共同体或许要以文明共同体为价值基础，也可以说，以文明共同体为基础，能够更好地构建命运共同体。

2015 年 9 月 28 日，习近平在第 70 届联合国大会一般性辩论上曾经强调指出："和平、发展、公平、正义、民主、自由，是全人类的共同价值，也是联合国的崇高目标。当今世界，各国相互依存、休戚与共，我们要继承和弘扬联合国宪章宗旨和原则，构建以合作共赢为核心的新型国际关系，打造人类命运共同体。"[①] 这段话明确地告诉我们，人类文明共同体与人类命运共同体之间存在着必然的联系。所谓"和平、发展、公平、正义、民主、自由，是全人类的共同价值"强调的就是人类需要建立一个文明共同体，建立了这个文明共同体的基础，人类才可能更好地"打造人类命运共同体"。人类命

---

① 习近平：《携手构建合作共赢新伙伴　同心打造人类命运共同体》，新华网 2015 年 9 月 29 日。

运共同体有三个关键词：人类、命运、共同体。人类是一个超越国家身份的概念，体现的是天下担当的精神；命运就是人类共同追求合作、发展、共赢，体现的就是命运与共；共同体是对地球村的超越，人类共同树立大家庭意识，塑造人类新的共同身份。从客观上看，人类命运共同体是人类原本应有的生存、发展状态，但是这种原本应有的状态却屡遭人为破坏，困难和危机重重，亟须再造。所以，构建人类文明共同体就显得更加现实而迫切。

为此，我们应当从人类文明的高度来认识和理解人类命运共同体的思想。首先，继承和弘扬《联合国宪章》的宗旨和原则，成为全球治理的共商、共建、共享原则的核心理念；其次，它超越了消极意义上的"人类只有一个地球，各国共处一个世界"的范畴，形成了积极意义上的"命运相连，休戚与共"的价值理念，塑造出了"你中有我、我中有你"的人类新身份，开创了天下为公、世界大同的人类文明共同体；第三，它鼓励和支持超越狭隘的民族国家视角，树立人类整体观，不同的国家和地区、不同的文明要在物质、制度与精神等方面求同存异、聚同化异，推动构建人类文明共同体新秩序，实现人类文明的永续发展。

当然，人类文明共同体是一个新概念。**人类文明共同体就是凝聚着人类共同理念、共同利益、共同追求的人文精神、发明创造以及公序良俗的人类文明的一种聚合体。核心是人类共同拥有，形式是不同文明相互认同的有机整体。**具体而言，人类文明共同体是人类所创造的、共同认同的价值总和，涵盖了人类共同价值上的人与人、人与社会、人与自然之间的关系。比如前面所说的"和平、发展、公平、正义、民主、自由，是全人类的共同价值"就是人类文明共同体的重要组成部分。换句话来说就是，**不同民族、不同群体、不同地区、不同国家都会有自己独特的好东西，就是最有价值、最有代表性的东西。在这些好的东西中，有的你有我也有，有的你有我没有，有的我有你没有，但你把你的好东西拿出来，我也需要；我把我的好东西拿出来，你也需要。好东西自然是不同的文明要件、文明要素等文明理念和文明行为。这些好东西就成了人类共同享有的好东西，将它们有机地聚合在一起，就构建起了人类文明共同体。**所以我认为，构建人类文明共同体具有三个重要的作用：一是，人类将更好地追求如费孝通所说的"各美其美"的公共价值体系与道德完善体系；二是，人类将更自觉地维护"美美与共"的全球公众利益和全球公共秩序；三是，人类将更积极地构建共享文明这种"超文明"，以此推动人类作为一个整体共同走向更好的未来。比如，美国文明中没有等级之分的平等意识、重视社会契约意识（包括上帝之约、信徒之约、族群部落之约、政府之约等）、追求自由与民主、自治与法治等；俄罗斯文明中强调统一、中央集权制、集体主义以及对信仰的执着追求、精神至上的价值取向等；英国文明中君主立宪制的政治制度、科学革命与工业革命、自由主义经济模式、莎士比亚式的文学创作等；中国文明中仁爱、大同社会、知行合一、集体主义、共享价值、平等合作等，以及世界其他民族的不同文明创造等，都可以成为共享文明这种"超文明"的重要元素。从这个意义上看，共享文明是人类一个共同的价值目标。尼采曾经说："若是人类没有目标，还能算作健全的人类吗？"我认为，**人类文明共同体是大变革、大转型时代最应该坚守的正义价值与追求，也是最应该坚守的人性原则**。人类文明共同体则是人类社会发展到现在所追求的一个重要目标。

那什么是人类命运共同体呢？人类命运共同体就是一个超越国家、民族、宗教和国际政治的时代命题，是对人类文明走向的理性判断。它包括"对话而不对抗，结伴而不结盟"的政治新道路，也包括"大河有水小河满，小河有水大河满"的经济新前景；包括"命运与共、唇齿相依"的安全新局面，也包括"并育而不相害"的文明新气象，是超越民族和意识形态发展的共同体、合作的共同体、可持续的共同体。构建人类命运共同体，既是世界文明发展的大势所趋，也是全人类共同发展的模式和目标，体现了和谐、和睦、和爱、共存、共生、共荣等重要理念。

2013年以来，中国所推进的人类命运共同体主张，是基于中国情况而提出的共同价值理念，为21世纪全球合作共赢提供了中国方案，是一个尊重主权平等、共商全球事务、共享发展成果的全球治理方案。这个主张的核心价值是，各个主权国家不分大小、强弱、贫富，都是一律平等的，主权和尊严都必须得到尊重，内政不容干涉，而且各国都有权自主选择社会制度和发展道路。同时，在各类国际组织体系中，各国都要能平等地参与决策。对于各类国际事务的分歧，主张通过对话协商的方式加以解决，不轻率地使用武力和战争的方式威胁他国安全，以及地区安全和国际安全。各个国家、地区、组织和各国人民共享人类社会繁荣发展的历史性机遇，共建共享发展成果。不因大国地位而心生傲慢，不因国家弱小而备受冷落乃至歧视，倡导以合作取代对抗、以共赢取代独占、以共荣取代分化的人类命运共同体理念。① 这个理念是基于中国共享文明基因，基于中国历史经验，也中国面对世界大变局、大转型而作出的深邃思考、探索与追求。

中国哲学认为，天、地、人就是一个生命共同体，自然界是大宇宙，人是小宇宙，大宇宙有什么，人身体里就有什么。**中国古代哲学中的阴阳五行宇宙观，也体现了共享的内核——阴阳五行重视各要素之间的联系，也强调互联互动、整体协同，谋求一种和谐的结果。这种结果其实就是共享发展而形成的结果。**所以，这种哲学认识就是文化认同，就是典型的文明共同体。由此扩展开去，我们就更清楚地认识到，人类拥有了文明共同体，也就有了相通的精神追求，有了灵魂。打一个比方来说，如果人类命运共同体是一个人的身体，那么人类文明共同体就是这个人的血肉灵魂。人类在此认识基础上"打造人类命运共同体"，也就是一种必然选择与发展要求了。

其实，人类文明共同体与人类命运共同体的关系就是一体与两面的关系，而且共同建立在不同文明与不同文明体之上，既相互支持，又相互制约、相互监督。一方面，不同文明体基于共同价值，积极倡导人类命运共同体意识，自觉从整体上思考和谋划，共商合作大计、共建合作平台、共享合作成果，缔结的就会是人类文明共同体；另一方面，不同文明体更好地发扬开放包容、合作共赢的共享精神，尊重各国自主选择发展道路的权利，尊重彼此利益关切，构建的是合作共赢的新模式、和谐共存的人类大家庭。所以，不同地区、不同民族、不同国家应当进一步深化人文交流和文明互鉴，丰富文明对话的途径和载体，打造国际人文交流新亮点，促进民心相通；不断推进务实合作机制建设，提升合作的层次和水平，积极推动人类文明共同体与人类命运共同体建设取得更大成效，这才是共同促进人类社会向前发展的正确道路。

---

① 唐亚林：《中国共产党绘就治国济世蓝图》，《人民日报》2017 年 6 月 25 日。

从文明共同体到命运共同体：人类社会超越发展的道路

这是当今人类发展的一个重要选择。

人类社会发展创造了不同文明，不同文明发展又反过来影响人类社会的发展。一方面，不同文明中总有一些全人类共同拥有的价值和价值观，这些价值和价值观等作为人类共同文明的基因，构成了人类社会发展的共同基础；另一方面，不同文明之间如果能够找到更多的共同文明价值，共同构建文明共同体，人类社会一定会发展得更好一些、更快一些。相反，不同文明之间如果更多地强调独特性、差异性、狭隘性，人类社会发展就可能受到这些消极因素的影响，而以不同的方式阻碍人类社会向前发展。所以，面对21世纪人类发展，不同文明如何融合的问题就更加重要而意义深远。

现在看来，突破21世纪发展的困境，人类社会需要一条超越发展的道路。这条道路就是从文明共同体到命运共同体的道路，就是通过构建人类文明共同体以构建人类命运共同体，推动人类社会走上融合、超越、发展的道路。

中国的文明基础主要来源于中国文化中最丰富的共享基因。中国人的文化记忆就是从共享开始的。中国又是一个在文明共同体基础上形成的命运共同体。之所以出现与其他文明不同的发展轨迹，主要有两大决定性原因：**一是出现了伏羲这个特别的人，二是出现了"家国天下"这个特别的理念。**伏羲是一个什么人呢？他就是"开天明道""肇启文明"的中华文化始祖。他观察自然天地万物，画出了八卦图；他观察现实生活，发明了渔网，用网捕鱼，极大地提高了部落的生活质量。伏羲部落是中华民族最早的一支，距今已经有超过八千年的历史。他虽然诞生在甘肃天水一带，主要生活在渭河流域，但是他和他的部落却延续了一千多年，几乎走遍了中国的大江南北。今天的陕西、河南、山东、湖南甚至西南地区，都留下了伏羲生活的踪迹。这说明了什么呢？伏羲创立了中国早期的农业文明和思想文明，又把这些文明传播到了当时中国最核心地区与边远地区，使中国形成了一种同一的、独特的文明理念，自然对中华文明共同体的形成发挥了基础理论作用。

谈到"家国天下"，大家就更容易理解了。孟子曾明确地说过："人有恒言，皆曰'天下国家'。天下之本在国，国之本在家，家之本在身。"①儒家这种"家国天下"观是中国能够很早就形成文明共同体的思想基础。从儒家开始，家国天下观成了中国传统的核心价值观。中国价值观道德诠释的核心就是对家国天下的共同体伦理的道德诠释。家国天下也成了中华文化无论走向何方都割舍不了的道德前提和伦理情结。在中国人的眼里，家是本源而直接的伦理实体，是最小的共同体；天下是普遍而抽象的伦理实体，是最大的共同体；国作为现实的伦理实体，既是家的扩展，又关联着天下之想象。家国天下也就成了中华传统文化道德诠释的中心，它使中国人在不同的实践境域中，无论是作为家人、国人还是作为天下人，都与其所在的世界结成唇齿相依的关联。这就清楚地说明了文明共同体与命运共同体的关系，同时阐明了从文明共同体走向命运共同体的成功道路。而且，这也反映了人类社会发展中的一个规律性现象：文明是社会发展的成果，也反过来成为社会发展的基础。一个多民族的国家，只要拥有文明共同体，就可以建成一个命运共同体。今天的世界也走到了这一步——通过构建从人类文明共同体以构建人类命运共同体来推动全人类超越发展的道路。

与此同时，我们还要看到的是，中国不仅拥有丰富的共享基因，也有热切的共享追求。中国在漫长的历史中奉行和其他国家共同发展、共同进步、共同受益的原则。比如，西汉的张骞出使西域地区、明朝的郑和下西洋所到之处，推动的都是经济交往与社会交流，而从不带去侵略与战争。尽管1840年以后，当时的清王朝被强迫饱尝了灾难深重的不平等、不公正的国际关系，但是从1949年新中国成立之日起，中国政府就倡导与世界各国和平共处的外交政策。20世纪80年代以来，随着改革开放的深入发展，一方面，通过一系列政治、经济、文化、社会等体制改革，让全国人民共享发展成果；另一方面，积极推动国际合作与发展，特别是坚持大国小国一律平等的国际原则，不搞"零和游戏"，通过共商、共建、共赢，构建国际社会共享发展的世界新

①孟子：《孟子·离娄上》。

秩序。特别是在目前以西方社会为主体的全球化逆流、走向保护主义老路的情况下，中国坚持自由贸易信念，推动自由贸易，本质上就是推动全球共享发展。所以，在通过构建人类文明共同体来构建人类命运共同体，并以此推动全人类超越发展的道路上，中国是一个积极的倡议者、建设者和贡献者。

当然，世界是多样的，也是必须多样的。**我们不能以共享基因与缺乏共享基因、非共享基因等来划分不同民族文明传统，更不能用共享基因原罪去指责其他民族的文明传统。不同民族都可能自主挖掘本民族文明中所蕴藏的共享基因，我们也要善于发现不同民族文明中的共享基因。**只有这样，不同民族、不同文明之间才能更好地形成共享文明的共识，促进人类社会更多地共享发展、共享未来。

所以，要推动 21 世纪发展，实现全球千年发展目标，我们首先要明确自己的定位，而且义无反顾地承担起相应的义务与责任，然后才有可能在不同地区、不同民族、不同国家之间加强人类文明共同体建设，并且在此基础上构建人类命运共同体，推动全球共享的发展进程。历史表明，世界不同地区、不同民族、不同国家都以不同文明为基础，向人类贡献了多样性的文明成果。面向未来，特别是快速发展的 21 世纪，人类应当在文明历史的基础上，通过不同主体间、文化间或文明间的平等交流，寻求文化理解和文明对话，寻求价值共识，构建丰富多彩的人类文明共同体，推动人类命运共同体建设，使人类社会在"求同存异、包容互鉴、合作共赢、共同发展"的总体原则上实现新的发展。

2017 年 1 月 18 日，习近平应邀在联合国日内瓦总部发表题为《共建人类命运共同体》的演讲，提出国际社会要共同推动建立更加合理的国际新秩序的中国主张。2 月 10 日，联合国社会发展委员会第 55 届会议协商一致通过"非洲发展新伙伴关系的社会层面"决议，"构建人类命运共同体"理念首次被写入联合国决议中。一方面，长期以来为全球治理提供方案的主要是欧美等发达国家。随着互联网技术的发展、虚拟世界的出现，以及发展差异、贫富差距日益扩大，各种极端思想蔓延和不同文明、不同意识形态之间的冲突也越来越突出等，这一系列复杂的跨国界的问题在进入 21 世纪以后变得更加明显；另一方面，现在欧美等发达国家都面临着各种危机的困扰，特别是美国虽然力量还在，但有些力不从心了，对全球治理的供给能力也在下降。与此相对照的是，中国的海外利益正在不断扩大，而且需要强有力的保护，面对的却又是全球治理出现的众多问题。在此背景下，中国参与全球治理首先是由世界正在发生的客观形势所决定的，其次是中国发展的现实需要，然后才是中国的倡议、理念、经验能够为全球治理作出积极的贡献。三者缺一不可，也顺应了全球治理的客观要求。中国人民自古就有"先天下之忧而忧，后天下之乐而乐"的大义、"天下兴亡，匹夫有责"的担当、"为者常成，行者常至"的心志、"精诚所至，金石为开"的耐心，以及"大道之行也，天下为公"和"己所不欲，勿施于人"的制度与风范，这一切价值规范所构建的文明共同体体系，是中国文明的核心要素，也是中国发展的历史经验。比较而言，这虽然是中国的道路，但是凝聚了中国多民族性、文化多样性、发展连续性的智慧与方法，一定能为 21 世纪人类文明共同体建设发挥积极的作用。因此可以说，中国共享发展是一个全新的"增长故事"，中国将把自己共享发展的实践转化为"世界经济发展主要驱动力"和"全球经济复苏支撑要素"，为构建21 世纪人类命运共同体发挥重要的引领作用。**现在，虽然欧美一些国家看到中国的影响力越来越大，但他们又觉得越来越难以把握中国的意图。其根本原因就是他们没有真正看懂、没有理解中国的共享情怀、共享理想与共享追求。**对此，中国需要耐心地向世界说明自己的立场与目的，世界也应当主动认识中国、理解中国，中国将会在世界中发挥更好的影响与作用。

2016 年 6 月 6 日，受福特基金会的支持和委托，深圳国际公益学院在北京主持了"全球慈善与社会发展对话会"。我受福特基金会会长吕德伦博士邀请，与吕德伦博士就"全球慈善与社会发展"进行了深入的对话，并回答了听众的热情提问。对话结束后，吕德伦博士回答了一位在场听众就美国是否可以学习共享发展理念的提问。他说："卢先生提出来共享精神绝对是美国可以学习的……美国的社会不是一个整体的社区，而是一群个人组成的，其实这也是事实，就是个人的创意、创业精神、创造力，这是我们应当推动并且鼓励称颂的，然而我个人认为有的时候可能会走极端，就是个人主义如果走向极端，那么这个后果可能是有害的，可能有损社会的和谐，会有损社会最根本的组成基础，这也是美国当前面临的一大挑战，所以我觉得卢先生提出

074

的'共享'这个理念是非常有利的，绝对是美国可以学习的。"① 听到吕德伦博士的回答，我当时至少想到了四个方面的问题：**第一，世界上所有的文明都有其独特的创新性、历史性、地域性，不同文明之间没有优劣之分，只有适应与不适应的区别；第二，不同文明之间的对话可以是畅通的；第三，不同文明的文明成果是可以相互借鉴的；第四，不同文明是可以相互促进、共享发展的。**所以，在全球治理与全球发展中，不同文明是能够相互借鉴的，不同文化之间的对话太重要了。吕德伦博士的回答虽然是他个人的观点，但我们也从中看到了美国社会对共享的一种认识与把握，对发展价值的一种诉求。以此观之，不同文明之间的交流与对话对构建21世纪人类命运共同体来说，意义重大而深远。

文明共同体的丰富性是人类命运共同体的基本动力

目前，世界上共有二百多个国家和地区，存在着两千五百多个民族。在漫漫历史长河中，人们在不同的自然环境、不同的民族国家里，建立了多姿多彩的文明形态，共同为全人类创造了丰富的物质财富和精神财富。比如，西方文明中的"博爱"、中华文明中的"泛爱众"、佛教文明中的"慈悲为怀"等，既包含着人类对人的热爱、关怀和宽容，也凝聚着不同文明的核心哲思与深刻个性，而且共同构成了人类"普适性"的共同价值观，不仅显示出不同文明的多样性，而且构成了人类文明共同体的丰富性。

我们还可以看到的是，人们处理人的问题的方法不同，也是文明丰富性的一个重要原因。比如，西方从远古就把人的道德问题交给宗教，让上帝来解决。在西方人看来，这是人类一个伟大的文化创造与文明价值，不仅彻底地解决了人的问题，也非常纯粹地解决了人性的来源问题。中国人则不同，我们从一开始就让人自己来解决人的事。比如，孟子认为"人性本善"，本质

① 卢德之：《论资本与共享——兼论人类文明协同发展的重大主题》，东方出版社2017年版，第216页。

的意义就是要求人好好地认识自己。你是一个人，这个判断就要求你做一个好人。做一个好人就是做你自己本人，就是做人的本分，做人的本性；你不做好人，就背离了人的本性，也就不是人。当然，这不是人格侮辱，而是价值选择。所以，在中国人的人本价值里，很早就从哲学高度把做人与做好人非常自然地"合二为一"了。在这样的哲学基础上，不同文明之间相互理解与融合，其丰富性与原则性也就更加明确了。

这也说明，在人类社会发展中，各种文明都有自身发生和发展的演变过程，都形成了自身的特点和优缺点，在不同的历史时期发挥着不同的历史作用。历史上的一切文明成就都对全人类文明作出了宝贵的贡献，都应得到充分承认和尊重。不同文明虽然有历史长短之分，但是没有高下优劣之别。比如，古代雅典民主政治开启了西方民主政治的先河，对人类文明的发展产生了积极影响。中国春秋战国时代的"仁爱""民本"等思想，同样为人类社会发展提供了思想基础。英国文化在18世纪把现代自由推向了新的文明高度，美国文化也在20世纪把现代民主推到了新的时代，尽管后来两者都走上了偏执的道路，偏离了人类文明的正道。对此，中国文化都表现出了包容与超越的交流方式。中国文化的一个重要源头是《周易》，这部哲学著作深刻揭示了事物"变易"的自然性、成长性和破坏性，所以用"中道""天人合一"来规范、限制。同时，既然"变易"是不可避免的自然过程，是天象、天文，那就必须用"人文"来限制，否则，无度的"变易"也是一种"生生"，但过之犹不及，反而破坏了平衡，也就破坏宇宙、破坏社会、破坏人生了。这一切就是人文，也是文明，而且既是中国一种独特的文明形态，也是一种为人类所共享的文明形态。用一句话来概括，那就是，世界变化是无常的，时空变化也是无常的，只有人文精神所凝聚的真理与信仰才会是永恒的。这也正如德国哲学家赫尔曼·黑塞所说："人只应服从于自己内心的声音，不屈从于任何外力的驱使，并等待觉醒那一刻的到来；这才是善的和必要的行为，其他的一切均毫无意义。"自己内心的声音就是真理与信仰的声音。

同时，不同文明存在的差异，恰恰承载了各自经济基础的一定差别性，这些差异、差别不仅不是文明交流融合的障碍，反而是世界文明发展的重要活力所在。一方面，人类发展需要进一步维护世界文明多样性，促进不同文明之间的交流、对话、互鉴；另一方面，各种文明应该和平共处、取长补短、共同发展。因此，人类要发展就必须坚决反对在文明对话、文化交流中运用"话语霸权"。社会制度和发展道路是一个国家文化、文明的核心和本质所在，尊重和维护文化和文明的多样性，必须尊重和维护基本制度与发展道路的多样性，反对政治和经济上的单边主义。习近平曾经明确指出："文化的影响力是超越时空、跨越国界的。文化因交流而丰富，因交融而多彩。人类社会的发展过程，就是各种文明不断交流、融合、创新的过程。人类历史上各种不同文明都以各自的独特方式为人类进步作出了重要贡献。"[1] 交流是世界的活力所在。世界各种文明只要通过不同的方式加强交流、融合、创新，就一定能够不断地超越狭隘性、保守性，共同推动人类文明的发展与进步。

然而，世界上总有一些人认为，人类文明是相互冲突的。这种观点以美国学者亨廷顿所提出的文明冲突论为代表。本质上看，文明冲突论不但夸大了文明之间的差异性，而且否认了文明之间的相容性。和而不同是中华文明弘扬与传承的基本准则和理念。西方的文明冲突论根本解释不了文明多元发展的历史与现实。面对人类新文明，我们必须有比天空更宽阔的胸怀，有海纳百川的气度。唯有这样，才能保证人类文明发展的共享目标，才能体现人类文明的基本价值。"独乐乐不如众乐乐"，这就是人类文明的发展目标。所以，以打造人类命运共同体为核心价值追求的世界文明观有着丰富的内涵，这一崭新的文明观预示着人类文明未来发展的基本方向和趋势，为不同文明之间的交流与互鉴提供了指导原则和基本遵循。

人类文明共同体应当坚守的原则是"大道之行也，天下为公"，坚持以共同价值为基本导向、以交流互鉴为重要动力、以多元平等为基本特点、以包容共享为根本目标，着眼于人类文明的永续发展，超越狭隘的民族国家视角，告别意识形态和价值观的对立，而且在构建"命运相连，休戚与共"的人类命运共同体的基础上，不仅在物质层面也要在制度、精神层面上求同存异、

---

[1] 习近平：《加强文化交流，促进世界和平》，《人民日报》2009 年 10 月 14 日。

聚同化异，共同开创"天下为公""世界大同"的 21 世纪人类新的文明形态。所以说，不同文明之间的冲突是暂时的，融合才是必然的，超越发展才是不同文明发展的选择与人类社会发展的共同目标。

21 世纪慈善：从文明共同体到命运共同体的现实途径

我始终认为，慈善就是共享文明的具体体现，就是一种典型的人类文明共同体。

我们知道，人类社会发展过程中，人种不同，人们生产、生活的区域不同，传统文化不同，但是这种美好的慈善情怀却是人类所共生的，与生俱来。所以，任何古老文化或文明都拥有丰富的慈善文化。远古东方农耕文化、游牧文化等都给人类留下了众多关于慈善的记载或历史遗存。古老的西方城邦文化也给人类保存了深厚的慈善情怀。同时，世界上任何宗教的原始教义都崇尚慈善，尽管表述的方式各有特点，出发点也各有特色，但是凝聚的一般人性价值与社会思考、人类关怀等却是相同的，甚至是一致的。

人类最初的慈善活动或许是简单的劳动力援助，进而是特产和物品的捐赠。进入阶级社会以后，才逐步发展为富者资助穷者、官府救济民众等活动。到了近现代社会，特别是随着资本主义的兴起与发展，贫富差距日益加剧，从资本主义社会开始，慈善形式因着社会矛盾、慈善认识、慈善理论等多重原因，出现了诸如宗教慈善、富人慈善、家族慈善等形式，慈善进入所谓的现代慈善发展时期。美国由于其强大的经济领导能力，也在慈善领域发挥了重要的推动作用。进入 21 世纪以后，随着世界经济社会所发生的深刻变化，出现了许多新兴的慈善主体，包括众多国际机构、国际组织在慈善领域发挥的引领与推动作用，慈善的内容、形式也发生了深刻的变化，进而形成了一种全球慈善新形态。我称之为"21 世纪慈善"。

那么，什么是"21 世纪慈善"呢？**所谓 21 世纪慈善，就是以 21 世纪全球发展为目标，融合不同文明成果，用慈善的方式参与国际政治、经济、军事、社会、文化、民族、环保、太空等领域协同发展，推动全球用共享治理**

资本，让资本创造的财富为多数人所共享，为实现全球共享发展而不懈努力的现代慈善新形态。 2016 年 1 月 8 日，在美国夏威夷举办的第三届东西方慈善论坛上，我提出了"21 世纪慈善"这个新概念。我认为，21 世纪慈善是现代慈善在 21 世纪的发展形态，既继承了 20 世纪慈善的主要特征，又要开辟出 21 世纪慈善的新理念、新目标和新方式。当然，我所说的 21 世纪慈善是一个国际慈善概念，其中也有国别的 21 世纪慈善，比如美国 21 世纪慈善、法国 21 世纪慈善等。中国 21 世纪慈善则是中国慈善的现实语境与追求，中国文化、中国基础、中国现实、中国目标、中国在国际发展中的地位与作用等，是中国 21 世纪慈善应当对待与研究的基础与场景。

21 世纪慈善与以往的慈善形态相比较，有三个明显的特点：一是，全人类性。21 世纪应当是人人个性张扬、自由发展与集体主义、整体主义、共享主义等有机结合发展的世纪。人类在前所未有的危机、动荡乃至战争威胁中，第一次这样全面认识到了团结发展、和平发展的重要性。这一点与慈善原则高度一致。慈善也进而得以成为引导人类共享文明发展的重要力量，并提供人类爱与发展的智慧。从这个意义上说，21 世纪慈善更能成为一种新的全人类的慈善——人人是主体，人人可能成为对象，人人参与、人人受益的慈善新形态。二是，全领域性。所谓全领域就是人类经济社会发展过程中所有领域的人和事。既面对贫困人群，也针对富人群体，既面向生产、生活等物质发展领域，也面向人们的精神、价值发展领域。慈善是爱的表达，爱所到之处，都是慈善所到之处。三是，全共享性。这是一种价值评价、价值目标与价值选择。人有国别，慈善活动也福及所有国家，但是慈善本身没有国界——由慈善所蕴藏的共享价值所决定。由此，21 世纪慈善将是最开放的慈善形态，是人类整体发展所需要的慈善形态，是促进人与人、人与自然、人与社会、人与世界协调共享的慈善形态。

那么，为什么 21 世纪慈善是从文明共同体到命运共同体的一种现实道路呢？一方面，21 世纪慈善的本质反映了不同文明的慈善思想与理念、慈善活动与实践。在世界四大文明体系中，中华文明体系中的儒家与道家"仁者爱人、救人危急"的积德观念，印度文明体系中佛教"诸恶莫做、众善奉行"的慈悲情怀，西方文明体系中基督教"博爱济世、公平正义"的慈爱思想，伊斯兰文明体系中"敬主爱人、尊圣行善"的仁爱理念等,虽表述不同,但义理基本相近,讲求的都是具有人类普世意义与社会价值的人道理念、道德情操和人文关怀。慈善是人类公共的最可爱、最可贵的情怀。另一方面,21世纪慈善的本质就是共享发展。我们知道,慈善是最古老也是最基本的共享形式。历史地看,普遍意义上的共享有两种方式,一种是强制共享,比如通过税收制度,包括遗产税、高消费税等,促进社会共享发展。另一种是自愿共享,就是我们讲的公益与慈善,以此使财富为更多的人得以共享。强制共享需要进一步完善制度体系,通过制度体系调节社会收入分配机制,促进社会公平与正义。自愿共享的核心是如何正确地管理与处置财富。深圳国际公益研究院院长王振耀研究认为:"根据人类社会的经验,把财富用来恰当地从事慈善事业,促进财富向善的文化氛围,是财富管理的一个重要社会功能,也有利于奉献精神和财富文化的家族传承与社会传播。"[①]巨大的财富也意味着巨大的责任与使命。而且,**中国文化有一个特点是,无论做什么都应当讲究"中庸""度"等,也就是要适可而止。对待财富也有一个内在价值要求,那就是中国可以出富人,也能出富人,但不能出巧取豪夺的大富豪、为富不仁的富人**。中国文化要求的是"不患寡而患不均,不患贫而患不安"[②]。这也说明,中国人最有共享情结。中国传统慈善方式之多,也证明了这一点。而从现代社会的角度上说,自愿共享也需要通过适当的慈善方式来完成,慈善也需要建立和完善制度体系,要从传统慈善、现代慈善发展到21世纪慈善,在完善慈善的法律体系基础上,把慈善的目标、对象与21世纪人类发展结合起来,让慈善成为引领社会共享发展的重要主体与方式。所以,与20世纪的现代慈善相比较,21世纪慈善是建立在20世纪慈善基础上的新的慈善形态。21世纪慈善并不是针对20世纪的现代慈善,而是20世纪慈善的最新发展,最大的发展和最大的价值表现在它的共享性上。21世纪慈善的本质有两个方面:一个方面,是共享发展;另一个方面,是慈善创新。正如中国希望工程创始人、著名慈善家徐永光所说:"现在的公益界面临着一个'互联网+'的

---

① 王振耀:《拓宽财富向善的社会机制》,《人民日报》2017年6月22日。
② 《论语·季氏》。

大潮，面临着一个从工业 3.0 跨入工业 4.0 的趋势。整个科技创新、商业创新、社会创新来势迅猛……公益如果固守过去的领地，就很难有立足之地了。"①慈善创新是为了更好地推动慈善发展、实现全社会共享发展。所以，21 世纪慈善的目标是全球发展、全球治理与全球共享，为此必然涉及每一个人和人类发展的各个领域、各个方面，比如政治、经济、文化、军事、社会，甚至太空等，是一种通过共享发展来促进人类社会发展的共享慈善。

作为不同文明融合而成的一种文明形态，作为从文明共同体到命运共同体的现实道路，21 世纪慈善以其强烈而现实的文明融合性，最容易成为人类社会发展重要途径。2015 年秋天，我在洛克菲勒庄园与洛克菲勒家族第四代掌门人杜拉尼·佩吉女士座谈交流时就说过，与其让政治家、军事家去发动战争，慈善家跟在后面去解决战争形成的问题，还不如让慈善家走在政治家、军事家的前面去制止战争，通过文明的力量去消除战争的隐患。我认为，这既是 21 世纪慈善所表现出来的最新特点之一，也是共享文明的一种使命。如果说 20 世纪慈善是以美国和西方发达国家为代表的一种慈善形态，那么 21 世纪慈善应该是在全球范围内把东西方文化结合起来，融合了全球先进文明的慈善文化与慈善形态。这种慈善形态属于全人类，依靠的也是全人类，而且将引领人类向善发展，既是今天人类发展的需要，更是未来人类发展的需要。

---

① 徐永光:《公益与商业要左右逢源》，光明网 2017 年 5 月 12 日。

第五章

未来：共享文明的发展趋势与基本形态

世界上的人们都有一个"理想国"的梦想，中国人也有一个"桃花源"的世界。这是一种精神向往与对未来的追寻，却又深刻地反映出人类的一种共同追求，一种对共享文明的设想与追求。所以，这里所说的共享经济、政治、社会、文化等共享社会形态，实际上是共享文明的一种现实追求形式，也是它的一种未来实现形态。**所谓共享社会形态，就是一种现代不同社会形态或许会转型发展而成的社会形态，不仅传承、融合了现代不同社会形态中最美好的东西，更以共享理念为核心造就出来的一种新的社会形态。**任何一种社会形态都拥有相应的经济基础、政治诉求、核心价值、文化取向、生存条件与审美倾向等，只有这样才可能形成从产生、发展到定型的相对稳定性与可持续性。也就是说，任何时候，政治、经济、文化、社会等都是在一定的社会制度体系中联系在一起的，相互联动、发展与变化。所以，基于共享与共享文明的发展趋势，展望并向往共享社会，并不是对现代不同社会形态的简单批判，更不是简单否定——任何社会形态都处于不断变革发展的过程之中——资本主义世界在变革，社会主义阵营也在推动全面改革——现在看来，不同社会形态转型改革都有自己明确的方向，但是人类在不断回想既往文明，不断回望"天下为公""大同天下"等共享理念与精神千年变局之际，共享社会或许能成为未来人类文明发展的一个重要方向，特别是区域文明或国家文明发展的重要方向。

以互联网、区块链等技术为基础的共享经济形态

共享经济最早、最典型的代表就是美国的 Uber 公司 ①。Uber 自 2009 年成立以来，以一个颠覆者的角色在交通领域掀起了一场革命。Uber 打破了传统由出租车或租赁公司控制的租车领域，通过移动应用，将出租车辆的供给端迅速放大，并提升服务标准，在出租车内为乘客提供矿泉水、充电器等服务，将全球的出租车和租车行业拖入了一轮新的竞争格局中。以 Uber 为代表的打车软件就是共享经济的典型代表。而这一切都得益于新技术的产生与发展，特别是移动互联网技术，即移动通讯和互联网融合的产物。人们通过使用无线智能终端，如手机、PDA、平板电脑、车载 GPS、智能手表等，可以实现任何时间、任何地点、以任何方式获取并处理信息需求，这是人的信息输入的重要端口。物联网是指通过智能感知技术、网络通信技术、数据融合技术，按约定的协议，将某一单位（区域内或行业内）的物品进行信息编码并输入全域互联网系统，从而实现各相关物品的信息链接和融通，是物的信息的重要输入端口，与云计算平台相互链接。同时，随着区块链技术 ② 的形成与发展，虚拟货币出现了。这种数字化货币在区块链技术的支持下，能够流通于网络与现实社会之间，具有现实兑换能力、社区协同性、去中心化等特点，

---

① Uber 是美国一家高科技公司，成立于 2009 年，是一个按需要服务的 O2O 网站。网站以最简单、最优雅的方式，使豪华轿车司机网络化。2014 年 6 月，Uber 正式在香港提供服务。同年 7 月 14 日，Uber 正式进入北京市场。

② 区块链（Blockchain）是比特币的一个重要概念，区块链是一串使用密码学方法相关联产生的数据块，每一个数据块中包含了过去十分钟内所有比特币网络交易的信息，用于验证其信息的有效性（防伪）和生成下一个区块。区块链的最新技术应用是 2008 年出现的比特币技术，它提供了一种去中心化的、无需信任积累的信用建立范式。区块链技术的本质是去中心化且寓于分布式结构的数据存储、传输和证明的方法，用数据区块（Block）取代了目前互联网对中心服务器的依赖，使得所有数据变更或者交易项目都记录在一个云系统之上，理论上实现了数据传输中对数据的自我证明。从深远来说，这超越了传统和常规意义上需要依赖中心的信息验证范式，降低了全球"信用"的建立成本，这种点对点验证将会产生一种"基础协议"，是分布式人工智能的一种新形式，将建立人脑智能和机器智能的全新接口和共享界面。

成为"互联网+"时代线上或者线上与线下价值交换的重要媒介，不仅改变了传统货币流通方式，消除了银行中介机构，而且还可能改变传统的信用方式与制度，使人类进入一种全新的金融时代。2017年1月，中国人民银行数字货币研究所成立，主要任务就是研究区块链技术、数字货币、敏感数据保护以及加强区块链技术的风险预防，从而更好地服务于金融行业和技术创新，确保区块链技术的潜力能够被最大限度地用于中国金融行业，确保中国金融为中国经济社会发展服务，为世界金融发展作出应有的贡献。

共享经济最基本的特征表现在两个方面：一是从宏观上看，全球经济发展需要国家发展理念，也需要全球整体发展理念，任何国家孤立地发展既变得日益困难，也难以获得好的发展效果与前途；二是从微观上看，目前的共享经济是指拥有闲置资源的机构或个人有偿让渡资源使用权给他人，让渡者获取回报，分享者利用分享他人的闲置资源创造价值。为此我们需要特别注意四个方面的问题：第一，应当高度重视科学技术发展，特别是互联网技术等带来的共享经济的技术基础与条件；第二，应当高度重视日益增长的私人盈余资源和公共盈余资源的再利用，这已经为共享经济发展提供了物质基础；第三，人类社会发展过程中所进行的不同的经济体制实践，特别是资本主义几百年来的发展与变革和社会主义一百多年来的理论探索与实践发展等，都为共享经济形态的形成提供了许多制度经验；第四，人类社会几千年来一脉相承的大同社会理想与哲学思考，为人类更好地追求共享经济提供了不竭的精神动力。从目前的情况来看，最能代表共享经济的工具或手段表现在两个方面：一是互联网经济，比如 Uber 租车软件、滴滴打车软件等；二是产权（首先要依法保护私有产权）与使用权（或者说享用权、享权）的分离，在产权没有发生改变的情况下，一部分产权的使用权（享用权、享权）被让渡出来，比如以一定的方式共享汽车、房子等。而且，这两个方面已经发展成为一种全球现象。尽管如此，这些共享经济现象还只是一些具体的共享经济方式，或者说共享经济工具、手段。作为共享社会条件下的共享经济形态，则是一定社会制度形态的反映形式，包括所有制形式、市场规则、贸易规则、分配体制等，总体特征应当是所有的经济制度围绕共享而设计，所有的经济活动为了共享而展开，本质上是一种激励社会创新、鼓励财富创造，并且惠及全体民众的经济制度体系与经济发展机制。其中，与共享经济相适应的价值观问题、信用问题、治理问题以及法律保障问题等，共同构成了共享经济形态形成与发展的重要基础。

具体来说，共享社会条件下的共享经济有一个基本特征，就是产权与享权适度分离。在传统社会主义里，公有经济占绝对领导地位，产权与享权是共有的，是合为一体的；在传统资本主义里，则是产权归私有、享权归个人，是一种分产与分享相结合的经济形态。未来的共产主义设计，则是一种共享经济形态。未来共享经济是公有经济与私有经济并存发展的经济形态。公有经济是公有、共享的经济，有一个如何进一步完善共享经济的制度安排问题；私营经济也应该成为共享经济的重要组成部分，应该成为一种部分产权归个人、享权分给天下，或者说，部分产权归己、享权部分归公的共享制度设计，让产权与享权实现适度分离，既保障全社会的创造激情，又促进社会共享发展成果，与公有经济共同发力，不断推动人类文明发展与进步。

在传统经济中，我们一般讲的是生产、交换与服务。以交易为核心的分工协作，形成的链叫产业链，最后有关各方获得了产权，说明大家的手里都有产权了。现在的经济已经发生变化，以交互为核心，通过这种协同与共享的方式开展经济活动，形成的不是链，而是网或者圈，而且是一个没有中心的全球化的网或者圈。那么，这时候大家获得的是什么呢？大家获得的不再是产权，或者不仅仅是产权，而是享权。经济学家罗纳德·哈里·科斯发明了现代产权理论而获得了诺贝尔经济学奖。他认为，假如交易成本为零，那么产权的初始配置就不重要了。他第一次提出了交易成本的概念。现在，我们说的交互，是否可以同样去追问，假如信息成本为零，那么产权还重要吗？只有协作与共享才是我们所追求的东西，我们的重点也将可能从传统产权制发展到现代混权制（或者说混合所有制）。从传统所有权发展到现代享用权，这才是最根本的转型升级发展。从这个意义上说，传统企业自出现以来就在传统模式上运行了上千年，甚至更长的时间，今天是否到了一个临界点或者拐点了呢？我们再不转型就有可能被淘汰，但是怎么转型？一个重要的方向，很可能就是以共享经济形态为目标，积极把传统产权制发展到现代混权制，从传统所有权发展到现代享用权。可以这样说，过去所有的经济学都是以享权为基础来构架的。这才是经济的根本性转型。

当然，共享经济是一个新的复杂的经济形态，与经济目的和目标、产业体系、所有制体制、产权制度、收入分配制度、社会保障体系、经济评价体系等密切相关。**如果是经济地位长期决定人的社会身份，就会更加刺激经济极度扩张，让财富暴涨而又贫富差距巨大，这是非常危险的现代社会方向。**所以，共享经济的核心是，从出发点到目标设计到实现的方式与方法，再到措施与保障都以共享发展的效益与福祉为根本，否则就可能出现新的发展问题。比如，我们常说的GDP就是一种经济评价指标体系，是一种预测经济发展的方式，而不能是一种政府的经济行政手段。从实践上看，有GDP是好事，当初设计GDP体系的出发点也是好的，因此作为衡量、评价经济活动的一个体系也是可以的。但是，唯GDP就会出问题，就可能不会突出经济活动与人类生存环境、与自然条件而盲目发展GDP，甚至为了GDP而破坏人与自然、人与社会、人与人之间的协同发展，从而使经济陷入不可持续发展的困境。所以，共享经济既要依靠科学技术发展与进步，更要坚持人与社会、人与自然、人与人之间的协同、共生、共享发展。

从实现形式上看，现代共享最早是在互联网领域首先以免费的音乐、电影、视频等方式得以实现的，但作为社会形态的共享社会还是一种面向未来的社会目标。目前，免费的共享方式与内容还只能依托互联网形成的其他付费方式，如第三方付费方式等才能得以实现，所以这种共享并不是真正意义上的免费服务。现代共享也并非有的人可以不通过劳动而心安理得地享有别人的劳动成果，也不是富有的人一定要向社会捐赠自己的一些财富。否则，不仅不能推动现代共享，还可能阻碍甚至破坏社会可持续发展。所以，现代共享与人们的道德水平、价值观念、行为选择等有关，也一定与社会政治、经济、文化以及社会制度有关。现代共享既需要信仰与精神动力，也需要制度上的保障。

我认为，在未来20年里，在高新技术的推动下，共享社会首先可能在家庭、家族里实现，或者在一个区域、组织里实现。从国际社会上看，到2040年共享社会可能会以一定的方式在一个国家实现，然后扩张出去影响国际社会的发展方向与发展方式。到2100年，共享社会有可能在多地区，或者多个国家得以实现，尽管方式与方法可能各不相同。[①]

以多数人、民主法治等为基础的共享政治形态

共享政治的本质是协同，而且不是一个方面的协同，是全部协同、整体协同。共享政治同样需要回答"谁来治理""如何有效治理""如何对待公民与政治家"等一些基本问题。历史证明，传统集权政治是一种死政治，现代西方的泛民主政治或者说"一人一票"式民主是一种乱民主。现代西方泛民主政治，过分强调"一人一票"，强调少数服从多数，必然会导致民粹民主、多数人与少数人对立，直至社会撕裂。美国常常输出这样的民主，几乎输出到哪里就乱到哪里，这已经是不争之实。面向21世纪发展，我们寻找的是以协同共享为核心价值的活政治。事实上，只有以共享为核心的抑恶扬善的政治，达成多数人与少数人之间的最大公约数，而不是简单的少数人服从多数人，才会是一种活政治。共享政治的核心是按照一定的社会制度和法律程序建立的政治秩序。共享政治绝对不是多党相互否定的政治制度，而应该是相互协同的协商政治形式。共享政治是人们可以共享生活与尊严的根本保障。任何以共享为本质追求的政治体制，都必须解决政治权力的形成与发展的问题。在共享政治的政治机制下，政治权力必须以切实的措施保障其来源于人民、接受人民监督，并为人民服务。所以，共享政治拥有最基本的原则：一是让多数人通过参与政治而获得幸福感；二是让多数人能够依法自由地参与政治而获得尊严感；三是确保全社会得到动态平衡的发展，不能因为自由而失去稳定，应该通过不断平衡来保证社会稳定；四是不能简单地实行"一人一票"制，特别是要防止泛民主性的"一人一票"而导致的民粹民主政治。正如有评论所认为的那样，目前已经历时240多年的美国政治制度，虽然有合理性，也有值得借鉴的地方，但是21世纪以来不断的预算危机严重制约

① 卢德之:《论资本与共享——兼论人类文明协同发展的重大主题》，东方出版社2017年版，第37页。

了政府的施政能力，行政司法化和总统"滥用"行政命令等都可能危及"三权分立"制衡体制，以致政治失灵的恶性循环正在进一步加剧美国政治的衰落。[①] 又比如，中国古代儒学思想对中国及东亚、东南亚许多传统政治形态的影响深远。中国的儒学政治具有鲜明的民族政治、经济、文化与心理特征，对中国政治和社会发展产生了重大作用。当代中国政治、经济、文化等深受儒学传统影响，特别是对中国传统政治中的共享政治，如直接形成了"民为邦本""民为贵"等传统，但当代中国政治不是传统儒学政治的再现，而是吸收与创造性的转化。

当然，我们知道，政治总是与自由、民主联系在一起的。谈到政治，大家都喜欢谈民主。民主，就是大家的事大家商量，一要商量，二要多商量，三要按规则商量。我们知道，从古雅典时代开始，人们就讲民主。那时候的民主，从本质上是为奴隶主阶级整体利益服务的民主，那个民主是没有自由的。我把这种民主叫作民主的 1.0 版。到后来，英国大宪章在充分展示公民自由的同时，也涉及到了民主，开始了民主政治统治的先河，引导英国走上了民主政治的发展道路。我把这种民主叫作民主的 2.0 版。到了美国独立运动时期，又出现了自由民主。这应该是人类文明在那个时代最具有生命力的民主形式。但这种民主形式，在充分尊重民意的同时，过度强了"一人一票"与"少数服从多数"，实际上越来越向着民粹发展，更不幸的是，后来自由民主逐渐演变成了以美国为首的西方国家用暴力或非暴力的手段维护其国家利益的幌子和借口，以至于这种民主被推到哪里，世界就乱到哪里。我把这种民主叫作民主的 3.0 版。到现在，**人类进入 21 世纪，我认为，新世纪应当有新民主，人类社会应当出现民主 4.0 版。这种民主 4.0 版，核心就是以共享为目标，在民主、自由的基础上，坚持以大多数人的利益为中心，融合中华文化特有的、多层资的精英协商政治的民主形式。我认为，民主 4.0 版是 21 世纪政治构架的核心内容。**

因此，我所理解的共享政治，是一种建立在共享理想、理念与目标等政治基础上的制度设计、制度保障体系与治理机制，核心是公正地面对每一个

---

① 张志新：《政治失灵是美国政治衰败的集中体现》，中国网 2016 年 8 月 27 日。

人的生活尊严与人格尊严，既要保障人们共享发展机遇，也要保障人们共享发展成果；既要保障大多数人的利益，又要保障效率与公平。

从实践形态上看，任何一定时期的军事、经济、文化、社会形态都是一定政治形态的反映，而且一定的政治形态决定一个时期相应的军事、经济、文化、社会形态。所以，共享政治的具体形态也是不同的。不同的共享政治形态在一定程度上决定了社会的基本性质与体制。在现实生活中，政治与经济的平等往往不是同步发生的，政治权力上的平等往往有滞后性，只能逐步建立起来。如前所述，世界上还没有形成一种真正的共享政治形态，但不同的、多元的政治形态都包含共享政治的一些成分。社会主义制度与体制所体现的共享政治体现了社会主义的本质要求，共享原则、共享方式要充分一些。而这种局面可能会长期存在。

中国实行的是中国共产党领导下的社会主义民主政治，不可能是西方政治土壤里生长起来的西方民主政治。中国共产党有能力保证其领导的先进性。同时，党内民主作为一种有效的政治机制，以及领导人产生于更加完善的政治协商制度和民主协商制度、逐步把基层民主提升到区县一级、进一步完善全国代表大会制度等，特别是传统接班人的概念已不复存在，领导人通过协同政治的制度与方式而产生，以及建立健全正常而有效的党政约束机制和激励机制，充分调动和发挥全社会的发展积极性与共享积极性等，都将为共享政治机制提供经验与智慧。①

中国共享政治还有一个重要内容就是建设中国特色的协商民主制度，目前其核心是进一步提升协商民主能力。我认为重点可以突出以下几个方面：一是推动协商民主的多层次、制度化发展，比如坚持选举民主与协商民主并行，顶层设计与基层改革并举，使协商民主政治建设与国家治理现代化高度契合。二是要明确社会民意的最大公约数，以民众利益和社会公众利益为目

① 据新华社 2016 年 10 月 28 日报道：27 日闭幕的中国共产党十八届六中全会聚焦全面从严治党的重大主题，围绕全面从严治党、领导核心、党内政治生活、党内监督、纪律严明、党内民主、反对腐败、高级干部、权力监督、群众路线、民主集中制、选人用人等目标任务，审议通过了《关于新形势下党内政治生活的若干准则》《中国共产党党内监督条例》，目的就是为开创党和国家事业新局面提供重要保证。我认为，这是最典型的、最新的共享政治智慧的新探索与新发展。

标，实现协商民主与国家治理现代化的有效对接。三是丰富协商民主形式，完善政党协商、人大协商、政府协商、基层协商、网络协商的立体网络体系，既畅通渠道，又丰富内容，争取取得看得见、摸得到的实际效果。四是提高协商民主主体素质建设，也就是要进一步提升公民政治素质，比如培养公民理性、包容、合作的现代协商价值理念，尊重群众意见，倾听群众心声，培养群众独立思考能力等，切实维护人民群众参与社会公共事务及治理的权利，使协商民主真正成为中国民主政治、共享政治的基本形式和载体。

共享政治应当有一种更高级、更完善的机制来面对和限制人性的弱点，而且是会变化的人性的弱点，那就必须用更高级、更完善的制度来限制政治权力，保障权力为全体人民服务，保障人民的权利不受损害。从目前的情况来看，不同的社会形态已经出现了许多相同的共享政治理念与治理机制，哪怕是通过一些国际机构来实现的，也是一种共享发展的趋势。所以我想，以此为基础的有益于全人类共享政治发展的理念与机制，必将越来越成为人类发展的共同追求。全球统一的政治体制是不太可能实现的，但通过一定方法把不同的政治体制协同到一定的国际政治体制——国际共享政治机制——却是有可能的，也是能够实现的。当然，任何时候的政治改革都是难度很大、风险也很大的事，政治体制改革必须坚持循序渐进原则，在不断创造和积累经济、社会和政治条件的基础上推进，在重点解决经济社会发展中的不平衡问题、努力造就壮大中等收入群体上推进，在完善法治社会建设进程上推进等。只有政治稳定了，社会发展才有根本保障，这才是共享政治的根本价值所在。

以人工智能、新能源等为基础的共享技术形态

这是共享文明的技术基础与技术支持，也是共享文明最早实现共享的领域。也可以说，共享技术激活并支撑了人类的共享基因，以现实的共享形态引领并推动了共享文明的形成与发展，没有共享技术就不会催生出新的共享文明形态，至少21世纪前20年不会产生。回顾最近十多年来的技术发展，

我们首先看到的是网络技术、通信技术、互联互通技术、即时传输技术、同时阅读技术等技术创新使在线阅读成为现实生活，进而推动了以互联互通为基本特征的共享技术发展，并成为共享文明的最初引领者。所以说，共享文明是由高新技术领域引发而进入人们的日常生产与生活的。这也再一次证明了一个事实，那就是技术创新即生产力的创新发展是人类文明发展的基本推手与最初动力。目前，几乎所有新技术领域都可能产生新的共享技术，比如新材料、新能源、智能制造、智能机器、生物工程、云计算、传感技术等都在以不同的方式支持技术创新与发展。尽管如此，我们需要警惕的是，随着共享技术的发展和研究领域自主性的日益强化，一些新技术在现代资本、唯技术观等的支持下，出现了背离人性甚至损害人性的技术道德与技术伦理问题。比如无人技术的开发是正常的也是必要的，但是没有限制、没有底线的应用则需要由人类整体利益原则与人类整体价值来规范。如果过度超越现实人类生活、生存与发展的迫切需要，而随意扩大应用范围，那么带给人类的可能是期待的反面。所以说，人的发展特别是人的未来发展与高新技术发展的关系日益成为一个相当突出的问题。当然，高新技术的迅速发展可能影响和破坏人类整体利益与未来利益的问题也已经引起人们的高度关注，却又不可能完全阻止此类技术应用的一再突破。面对这种复杂的博弈，共享技术应当坚持两个重要的方向：一是坚持人类整体利益的原则，遵循人性、维护人性，为人类的未来发展服务，而不是走向反面。二是坚持把科学纳入文明体系，让科学成为文明的一部分。科学与技术不是一回事。坚持科学就是要探究世界的本源、追求宇宙的奥秘、叩问人生的价值，回答人从哪里来又要到哪里去的问题。同时，用科学思想、科学方法推动各种技术的创新与发展，不断促进人类文明的发展与进步。从这个意义上看，共享技术特别是新的共享技术不仅推动不同文化的深度发展，而且必将引领共享文明的深入发展。**未来十年，由各种新技术形成的共享技术体系也必将是共享文明进一步发展的推动者与建设者。**国际社会也可能在共享技术体系的推动下发生诸多与共享发展有关的深刻变化，比如生活方式、生产方式等，比如思想认识、价值观念等，比如发展方式、制度形态等。因此，人类发展不仅需要更多的共享技术，更需要共享技术为共享文明提供坚实的技术支持与创新基础。

以多元化、多样性等为基础的共享文化形态

目前看来，文化上的共享是最现实、最丰富、最快捷的共享形式之一。共享文化的本质是多元性、创造性与丰富性的统一。不仅仅是西方文化，也不仅仅是东方文化，而是融合了儒、释、道等文化内核的世界多元文化的又一次整合与超越。互联网是其中最重要的桥梁、平台与通道，而我们追求的共享文化则是更高层级的文化形态。第一，共享文化是一种以现实的不同文化共生性为基础的融合创造的文化，尊重文化多元性、多样性、平等性，任何文化都不能抱有先入为主的先进感与优越感。春秋战国时期，楚国人陈相①放弃了黄河流域的儒家学说，转而学习长江流域的"许行之学"②，孟子就批评他说"吾闻用夏变夷者，未闻变于夷者也。"孟子这种文化优越感的本质就是狭隘的文化自傲。在今天看来，这是不对的。第二，共享文化的形成，需要不同文化之间建立畅通、便捷的交流与对话机制和平台，让不同文化能够围绕共享这个总体目标，以平等、自由的方式展开对话，以实现不同文化之间的融合、提升与共同发展。世界文化最大的特点就是多样性。建设共享文化，最好的方式是对话与融合、相互理解与尊重，避免对立与冲突。人们最不能放弃的就是自己文化的传承性。任何人离开了文化，就是无根的漂流物了。所以，只有尊重不同文化、共享不同文化，才能真正推动文化的发展与进步。第三，共享文化的本质是一种创新文化，而且不仅需要形式上的创新，更重要内容上的超越与突破。所以必须尊重不同文化的创新发展，特别是要坚持以全人类共享发展为目标的文化创新，并且以这种创新文化引领不同文化共同发展与进步。第四，共享文化必然要尊重不同文化的历史性、独

---

① 战国时期，楚国人陈相，原本是儒学弟子，后对"农家"男耕女织、"君民并耕"、以物易物的理论产生兴趣，拜"农家"大师许行为师。

② 许行，约公元前372年—公元前289年，战国时期楚国人，著名农学家、思想家，约与孟子同一时代，在《孟子·滕文公上》记载有许行其人"为神农之言"，所以被归为"农家"。后世也将许行视为先秦时代"农家"的代表人物。

创性与独特性，尤其是尊重现实差异性，从中寻求共同价值的文化基因，为共享文化在不同文化基础上的融合发展提供丰富的思想基础与理论源泉。2015 年 12 月 16 日，习近平在第二届世界互联网大会上明确提出："文化因交流而多彩，文明因互鉴而丰富。互联网是传播人类优秀文化、弘扬正能量的重要载体。中国愿通过互联网架设国际交流桥梁，推动世界优秀文化交流互鉴，推动各国人民情感交流、心灵沟通。我们愿同各国一道，发挥互联网传播平台优势，让各国人民了解中华优秀文化，让中国人民了解各国优秀文化，共同推动网络文化繁荣发展，丰富人们精神世界，促进人类文明进步。"这表明，中国是共享文化的积极倡导者、追求者与贡献者。

所以我认为，不同文化并存发展是历史的、现实的，也是未来的。我们不能简单地说，哪一种文化好，哪一种文化不好；文化出现有先后，发展过程有变化；不同文走向融合是文化发展的重要规律。任何处于先进阶段的文化都可能成为一个时期的主流，但不可能垄断世界文化。不同文化的地位与作用不是一成不变的，任何文化都有可能成为主流文化，即使是主流文化也不是唯我独大的文化。所以，文化只有先后之分和适应不适应的问题，而没有优劣之分。共享文化的本质就是世界不同文化都拿出最好的文化元素，与大家共享。

以共生、共存和可持续性等为基础的共享生态形态

这里说的共享生态是一种生态保护、发展与利用形态，是一种生态社会可持续发展的社会发展机制。事实上，生态最能体现共生、共存的原理，没有共生、共存就不可能有生态的发展，没有共享的生态也不可能有生态文明与人类社会的历史文明与现实发展。**大自然是生命相遇、生命发展的地方，是人类生存与发展的自由载体。人类最应该崇尚大自然，敬畏大自然，应该像珍惜生命一样爱护大自然。**然而，20 世纪中后期以来，这种生态文明一直处于被严重破坏的过程中，而且破坏的速度往往超过发展，从而使今天的人类社会日益陷入不堪重负的发展困境之中。**扭转生态恶化现状，维护生态自**

然发展，保持生态平衡，已经成为全球可持续发展，特别是中国共享发展最重大、最迫切的现实问题。 比如，2015 年，尼日利亚的人均 GDP 为 736 美元，是非洲最贫困的国家之一，境内 80% 以上的国土被撒哈拉沙漠所覆盖。而在大约五千年前，这片土地还是富饶的大草原，但最近两千年持续不断的沙漠化改变了这个国家的地貌，环境极度恶化成为贫困的重要原因之一。2017 年 7 月 14 日，亚洲开发银行和德国波茨坦气候影响研究所在菲律宾首都马尼拉联合发布了名为《风险中的地区：气候变化在亚太》的报告。报告中说，如果各国对气候变化问题置之不理，到本世纪末亚洲大陆气温将上升 6 摄氏度，这将对亚太地区的人类生活带来严重危害。对此，亚洲开发银行副行长班邦·苏桑多诺说："全球气候危机可以说是 21 世纪人类文明面临的最大挑战，亚洲和太平洋地区首当其冲。亚太地区有世界上三分之二的贫困人口，如果不尽快采取缓解气候变化和相关的适应调整措施，这些国家将面临陷入严重贫困的风险。"① 所以，作为社会形态的共享生态就不是单纯的自然生态，而是与自然生态休戚相关的人与生态、社会与生态、国家与生态、国际社会与生态的多元发展主体与生态形成的制度体系。这个共享生态制度体系的核心就是多元发展主体以共享发展为目标，以保障自然生态可持续发展为中心，协调各个主体之间的利益，共同形成人类社会发展所需要的自然生态与社会生态体系。

所谓共享生态，既是人类遵循人与自然和谐发展规律，推进社会、经济和文化发展所取得的物质与精神成果的总和，也是以人与自然、人与人和谐共生、全面发展、持续繁荣为基本宗旨的文化伦理形态，更是人类对长期以来主导人类社会的物质文明的反思，是对人与自然关系历史的总结和升华。所以，建设共享生态，就是要除去人性中过度自私和最大化追求物质利益的"杂质"，唤醒人性中的生态良心和生态意识，不仅要遵从"经济理性"，也要遵从"生态理性"，推动人从"经济人"到"生态理性文明人"的转变，促进人的自由全面发展。当然，共享生态不可能像从原始文明到农业文明再到工业文明一样自发、自动地形成，而必须对现行体制机制进行生态化改造，

---

① 《世纪末气候危机临近：气温或升 6℃ 亚太地区最受伤》，新华网 2017 年 7 月 7 日。

对生产关系不适应生产力发展水平、上层建筑不适应经济基础的弊端进行绿色变革和创新，从而为经济、文化、社会建设的生态化发展提供强制力量。在这个过程中，不仅要促进生产力的发展和解放，也要促进生产力与生产关系、经济基础与上层建筑的相互协调。回到马克思社会有机体理论，我们看到，人类社会是一个不断运动和发展着的活的有机体，只有在与自然界进行物质变换中才能存在和发展，人类所创造的各种积极成果以及所积累的各种文明都无法离开生态环境这一自然基础。这也是共享生态的灵魂所在。中国政府明确将生态文明建设纳入"五位一体"中国特色社会主义总体布局中，要求"把生态文明建设放在突出地位，融入经济建设、政治建设、文化建设、社会建设各方面和全过程"，其实已经为全球共享生态提供了一个新的理论与实践道路。

建设共享生态，世界不同文明、不同文化都有深刻的理念与丰富的经验，但特别应当警惕的是，人类一些文化给生态发展带来的困惑与灾难。美国生态学思想家沃斯特曾经认为，我们今天所面临的全球性生态危机，起因不在生态系统自身，而在于我们的文化系统。要渡过这一危机，必须尽可能清楚地理解我们的文化对自然的影响。比如，西方人类中心主义、唯发展主义、科技至上主义等就对自然生态发展产生了巨大的危害。自20世纪六七十年代人类生态环境意识开始觉醒以来，人类对生态环境问题有了全新的认识，对工业文明进行了反思和批判，在理论上引发了生态哲学研究。1972年联合国召开了首次人类环境会议、1992年联合国召开了环境与发展大会、2002年联合国召开了可持续发展世界首脑会议等，由此人类进入一个追求人与自然、环境与经济、人与社会等共生、共存、共享发展的新时期。对此，中西方文化的生态智慧具有重要的价值。比较而言，中国文化中的许多生态价值具有更加现实的理论意义与实践意义。在中国文化中，人很早就与自然神分离了，一方面强调人不能做神的奴隶，也不能做物的奴隶，而要做人自己，保持人的主体性、独立性和能动性，但另一方面人也不能狂妄自大，想去做天地万物的主宰，反而要虚心地向天地万物学习，尊重自然、顺应自然。这就是中国文化中"道法自然""天人合一"的优秀思想。"以人为本"的人文精神与"道法自然""天人合一"思想的结合，保证了中国文化中的人本主义不可能异化为"人类中心主义"。

纵观近几百年来的历史发展，人与自然的关系、人与人（社会）的关系、人与自己身心的关系日趋紧张、恶化，其重要原因之一，就是以人为本的人文精神的丢失。因此，现在亟须重振以人为本的人文文化，扬弃异化了的"人类中心主义"，以及与此相关的"科学主义""科技万能"等思想。正确地阐释和弘扬中国文化中这种以人为本的人文文化的真正意义和精神，将它贡献给世界，既是当前继承和弘扬中国优秀传统文化的重要任务，也是对共享生态文明建设的重要贡献。

以共识、共治、共享等为基础的共享社会形态

共享社会的本质是人们共享生活的社会时空。人们传统的共享空间是家族、社区、工厂、商场以及公共设施等，固定功能比较明显，固定性也比较强。现在人们共享的空间变化相当大，比如高铁、飞机等，速度快、人员多、流动性强，个人行为的规范性也比较高，人的文明要求也相当高。也就是说，人塑造了社会，社会也塑造了人，共享社会的本质是人的发展所构成的社会形态。所以，如果不提高人们的共享意识或者不提高共享时空中的共享文明水平，人们都不可能享受到更好的生活时空，而这一切正是共享社会形态的基础。

我在这里所说的共享社会是一种以共享为社会基本价值观的社会形态、社会制度或社会体制。这让我想起了苏格兰考古史上的一个故事。1850年，苏格兰奥克尼岛上的一个农夫在一场暴雨之后，发现8间低矮的石屋中有一间石屋下有一个小石门。他从小石门走进去，发现了一个千古之谜。后经考古专家发掘确认，这里的8间石屋建于公元前3180年至公元前2500年间，是目前发现的英国最古老的农村聚落建筑，被称为"苏格兰庞贝城"，当时居住了100人左右。由于8间石屋相当类似，屋内摆设相当一致，考古学家认为，这个时期的社会相当平等，没有任何权威的领导。苏格兰的石屋就证明了远古人类的一种共享社会形态。

谈到社会发展形态，我们应当明确的一个观点的是，社会就是社会，社会有自己的本质属性。同时，社会既受到市场的影响，又受到政治的影响。社会需要市场支撑，符合市场规律；社会又接受政治引导和规范。尽管如此，社会必须强调自治，社会自治是社会重要的主体性。在法治基础上，社会依法自我治理是社会治理的核心。哈耶克当年认为，商业是最大的公益。他强调的是经济越发达，公益越发达，社会越发达。这显然是片面的。正如他反对集体主义，主张限制"直接的利他本能"等，但他反对的集体主义是苏俄式集体主义，他倡导的公益也不是我们今天推动的公益。社会必须坚守社会的原则，社会不能市场化，也不能政治化。由于各国国情不同，社会与政府的关系出现了多种形态，可以是小政府大社会或小政府小社会，也可以是大政府小社会或大政府大社会。现在看来，西方社会往往是小政府大社会，中国社会则是大政府大社会，而且都处于不断的变革与发展之中。

所以我认为，共享社会不是传统的奴性残存的社会，也不是个性片面自由放任的社会。共享社会从本质上说，是共识、共治、共享"三位一体"协同发展的社会形态。我所说的共识是精英共识。什么叫精英？精英就是能够心怀天下的人。哪怕是扫地的，只要你心怀天下而扫地，你也是精英。精英是有层次的，我比较赞成一个朋友把精英分成思想精英、制宪精英、治国精英和职业精英等的说法。思想精英就是那些仰望星空的人。制宪精英就是制定规则的人，像美国当年制定宪法的那一批人。治国精英就是根据前两类精英提出的思想和规则，依法治理国家的人。第四个就是各行各业的职业精英。我所说的共治，主要是官民共治。我说的"官民共治"，就是要把"民"的自治和"官"的管理结合起来。"官民共治"怎么治？最基础、最关键的是要明确官民关系。从本质上说，官和民是一种平等的关系。这里说的官，也可以说是政府及政府组织；民则可以说是民间及民间组织。我们应当深刻地认识到，在现代社会里，人们对社会公共服务的需求越来越多样化、复杂化、现代化，为此，政府、市场、社会只有分工负责、良性互动，才能共同治理好社会。特别是政府要切实转变职能，要把不擅长、做不好的事情大胆地交给社会组织去做。社会组织是现代社会治理不可或缺的重要主体。中国政府对此态度十分明确，就是要推动社会组织明确权责、依法自治，加快培育与现代社会治理结构相适应的公益性、互助性社会组织，支持行业协会商会类组织发展。同时，将进一步加强市场机制建设，通过购买服务、项目外包、保险等方式，推动开放共治，实现社会共治，提高社会治理水平。官民共治必须依法治理。官民共治还不能"缺德"，要法德结合。法是治的基础，是底线。当然，我们还需要治得更好一点，那就要有更高尚的道德追求。也就是说，官既是法治和道德的倡导者，更是践行者。我所说的共享，是多数人的共享，是全社会共享发展，不能是少数人共享。

共享社会还有一个重要的社会指标是如何有效消除社会不平等的问题。一般来说，一个人的能力禀赋、家庭背景、教育经历等都不一样，所以在一定程度上能够接受财产收入和经济地位上的差距甚至是不平等。一定的经济社会制度也会因此而不断走向改革与发展，激发并促进人们不断努力、不断发展与创造。然而，社会不平等意味着不同的人所依靠和利用的社会公共资源、公共制度存在差距，比如城乡差距问题、城市居民与农村居民差距问题、城乡社会弱势群体问题等，致使社会地位与社会关怀存在差别，从而使解决问题的方式与途经也存在差距。这个问题的根源在于制度上的不平等，一个人无法通过自己的努力而加以改变。这种社会不平等更是共享社会所必须改变和不断警惕的重大问题。世界各国都采取了相应的政策措施，而中国在大力发展经济、做大蛋糕的同时，推动共享发展，进一步分好蛋糕，主要是紧紧围绕"增活力、扩范围、促公平、强基础"四个方面加快推动相关工作：一是加大分配制度改革力度，二是完善社会保障制度，三是推进扶贫开发政策，四是推动慈善事业。通过这一系列政策措施，广大人民群众有了更多的获得感，从而能更好地实现经济社会共享发展的目标。

以多极均衡、协同共享等为基础的共享国际形态

共享国际形态是 21 世纪国际合作与交流的重要发展形态。

古希腊哲学家德谟克利特有句名言："人是一个小世界。"[①] 我认为，**人是一个共享的小世界，社群、国家是一个共享的中世界，全球则是一个共享的大世界**。我们知道，国际性是人类社会发展到国家出现后的必然产物。最初，国与国之间出现了最简单的物与物的交易，在互通有无的基础上促进了交通运输业的发展。同时，也形成了国与国之间的外交关系。随着经济社会发展，特别是技术发展、货币出现、文化交流等跨国关系的发展，国与国之间也发生了重大变化，诸如友好交往的频繁、合作形式的多样、人们往来的发展等，但也不可避免地出现摩擦，甚至相互之间或多国之间发生战争等极端事件。而且，我们看到，历史上国与国之间的摩擦、战争比友好交往的时间要多得多，甚至也经常发生一个国家被其他国家灭亡、掠夺、奴役、破坏的悲剧。近代以来，尽管出现了许多伟大的思想家、政治家、外交家，也出现了众多伟大的科学家与技术发明，但是这种复杂的、不友好的国家关系不仅没有改变，甚至发生了更大的悲剧——破坏全球发展的第一次、第二次世界大战。19世纪中后期，马克思、恩格斯提出了建设"共产国际"的伟大构想，并在全世界无产阶级中产生了极其重大的影响，今天仍然具有重大的理论与实践价值。第二次世界大战结束后，包括联合国在内的许多国际组织在国际社会中发挥了日益重要的作用，也催生了许多新的国际机构与组织，为共享国际的出现与发展提供了现实基础与发展条件。**所谓共享国际就是世界上的所有国家，无论大国、小国还是发达国家、发展中国家，相互之间形成的面向未来的共建、共创、共赢、共享的国际发展形态与格局**。具体可以表述为习近平2013年以来反复提倡的"人类命运共同体"——一种"你好，我好，大家都要好"的国际社会发展目标、格局与追求，并在此基础上推动人类共享文明的发展、繁荣与进步。

同时我们应当进一步理解的是，随着全球经济一体化和资本在全球的快速流动，尤其是以互联网为基本特点的现代高新技术的运用与发展，国与国之间的关系日益紧密，不同文化之间的交流、融合与合作已经成为这个时代

---

① 北京大学哲学系外国哲学史教研室编译：《古希腊罗马哲学》，生活·读书·新知三联书店1957年版，第107页。

的一个重要主题。从社会制度上看，经过几百年发展的自由资本主义与经过一百多年发展的社会主义思想与实践等，在许多方面也形成了协和关系；从经济社会结构上看，国际的军事与政治协和、政治与经济协和、宗教与文化协和等，已经成为谋求和平与发展的重要方式；从东西方社会发展上看，发达国家与发展中国家的协和、南北的协和、南南的协和等，已成为处理国际事务与国际发展的重要原则。进入 21 世纪，任何霸权主义、强权主义都已经过时了，尽管有的大国特别是发达的大国的影响力长期存在，并且可能还会发展，但是凭借军事权、经济权、话语权等去主导世界的基础环境与条件已经不存在了。这是一个"多极均衡，协同共享"的世界。这是世界的大局，也是未来发展的大局，尽管也可能出现局部世界的动荡甚至局部战争。所以我认为，国际社会总体趋势将日益走上协同共享的共享国际发展道路。

在此基础上，还有一种现象值得我们深思。自 19 世纪后半叶特别是 20 世纪以来，世界上出现的每一次乱局，包括政治、经济、军事、文化等方面的问题，都是由资本主义世界那些固有的矛盾所引起的，随之而产生的是一些新的理论与治理体系。而且呈现出三种情况：一是资本主义世界出于自我完善的需要而产生的新的治理理论；二是世界因此而重建起来的国际政治、经济等治理体系；三是立足于人类发展，特别是发展中国家的基本权益而产生的反对资本主义世界的理论与治理体系。这说明了一个道理，共享发展越来越成为人们的意志与愿望，进而成为国际共享形态所必需的丰富而重要的社会基础与思想基础。

因此，从总体上说，**共享社会需要一定的制度体系——共享政治体系是保障，共享经济体系是物质基础，共享文化体系是思想与精神动力，共享生态体系则是生存与发展的载体与依托。与此同时，共享社会必须建立与之相适应的核心价值体系、法治体系、社会管理体系，以及社会创造体系。**最重要的是要发挥社会多元主体的积极性，让每一个人、政府、企业，以及国家、国际机构、国际组织等都自觉地坚持共享世界发展的理念，真正让世界各民族成为"人类命运共同体"的有机组成部分。这样的国际社会才会最接近共享社会。就一个国家而言，建立起以共享为核心价值的政治体系、制度体系，让大多数人共同享有发展、享有人的尊严，从而获得人的全面发展，才会是一个共享的社会。从这个意义上说，尽管国际社会日益复杂，但人心在许多方面是相通相融的，是能够相互理解与支持的，所以以各种新兴的共享经济形式为引领的社会共享价值体系，可能是引导国际社会走向共享这一共同道路的重要途径。古老的苏格兰石屋及其体制，证明了人类曾经经历过共享社会形态，现代人类完全有可能传承其中的共享精神，共同探索出一条通往未来的人类共享社会之路。

第六章

方案：中国的共享发展与全球共享的方向

今天的中国，首先是一个高度发展中的文明共同体。从这个意义上说，在当今世界发展中，中国方案首先就是一个非常好的词。中国方案的核心自然就是共享，对内追求全中国人民共享发展，同时呼唤全人类共同构建21世纪人类的共享文明——人类命运共同体。所以，中国方案是中国为了21世纪的中国发展所制订的方案，也是中国针对世界发展提出的一种带有中国特色的解决方案。中国经过三十多年的改革开放与发展，走过了西方发达国家几百年所走的路，已经从积贫积弱的状态发展到全世界第二大经济体、第一大货物贸易国，拥有最完备的制造业体系，使7亿多人口摆脱了贫困，被联合国称为世界奇迹。而且，一方面，"中国共产党人和中国人民完全有信心为人类对更好社会制度的探索提供中国方案"[1]，也已经提出了一系列中国方案；另一方面，世界发展既需要他国方案，也需要中国方案，比如2013年中国提出的"一带一路"倡议方案，就已经融入世界发展之中。这是因为在中国的认知里，中国自古以来就是一个文明国家，中国人迈出任何一步都是以文明为准则来要求自己、观察世界。所以，中国共享发展所探索的道路不会强加给任何国家，也不会是唯一的世界发展模式，更不是以一种意识形态的方式塑造所谓的"世界价值"，但是中国共享发展所昭示的全球共享价值，因其历史经验性与现实发展性有可能成为全球共享的方向，中国方案也应当能够为21世纪全球发展发挥越来越积极的作用。

---

① 习近平：《在庆祝中国共产党成立95周年大会上的讲话》，人民网2016年7月1日。

中国古老的共享基因：神话传说中的共享起源

中国早期创世神话中的思想观念、价值追求作为后世中国人的思想基因，至少表现出了鲜明的共享特征。也就是说，中国创世神话的核心价值就是共享。

中国创世神话有一个最大的特点是，创世充满了艰辛与苦难，世界是创世神用自己的血肉铸造而成，是由创世神自我生命转化而来的，人来源于神本身。神不是高高在上的创世人，神就生活在人的身体与精神里。神死去后就化作了日月山河，与人类同在。而古希腊的生殖神话反映出希腊人的最原始的观念，即古希腊人与神的关系是一种庇护关系。自然万物是由神所生的，或者是由神转化而来的。在希伯来人的创世神话里，人是上帝所创造的，不是自我创造的，不是来源于人本身，而是外来的，是神的子民。

在中国的创世神话里，无论是盘古还是女娲，都是自然的来源，是自然的一部分，同时又是人内生出了人，人又是人的来源。而且，创造自然与人并不是一个人的功劳，是巨人们共同的创造——盘古开创了天地，女娲才造出了人。所以，中国人最初的"大同""共享"理念，本质上是一种内在的大同与共享，一种来自人内心深处寻找自身和谐与平衡的精神，是人自身的事情。在古希腊和希伯来神话里，人是上帝创造的，所有的人都是上帝的子民，他们相互之间是平等的、独立的、自由的，所以发展需要一种契约，需要协和。人们追求的理想国，本质上也有共享的基因，但更多的却是需要协和、需要契约精神才能维护制度保障下的共享。

在中国的创世神话里，自然是神自生的，人是神内生的，自然与人有一个相同的来源，并没有一个神秘的来源，人在起源里就是相互联系、共同发展的。尽管后来有了家庭，形成了群落，但也形成了人们"大一统"的观念与格局，所以特别强调人的内修（后来佛教传入中国，也被创造出了一个重要的分支——禅宗，重心经与内修），强调道德自律，强调内圣与外王，团体性、多数性要求与追求自然会更加鲜明。在古希腊和希伯来神话里，人来源于上帝之手，个个独立，于是他们就更加重视个人奋斗，强调个性发展，强调个人的创造精神，所以人们要共同发展就需要更多的社会保障与制度约束，也就更加重视建设法律制度。所以我想，中国哲学里为什么很早就有了"天人合一"的思想，根源是中国创世神首先创造了天地，再创造了人，先有天地再有人，所以是"天人合一"，而不是"人天合一"。

我们还能清楚地看到，**中华民族是一个多民族、多文化的国家，可以说是世界上唯一一个由五十多个民族文化融合发展的历史，因此最能理解共享的价值，也最具有共享实践与共享经验**。中华文化是生活在中国境内的各民族在长期的历史发展进程中共同创造的。当我们今天讲中华民族"多元一体"的时候，主要指的是中国政治上一体、文化上多元的基本特征。其实，若再进一步说，小而言之，少数民族文化是中华文化的重要组成部分；大而言之，它们是人类文明的宝贵财富，是文化多样性的典型代表。[1] 比如说，历史上的西域尤其是塔里木盆地，一直是中原文明、印度文明、希腊文明、伊斯兰文明四大文明的交汇之地，罗布泊的太阳墓地有最初的塞人、吐火罗人、大月氏人以及后来的吐蕃人、汉人、匈奴人、蒙古人等，各个种族、各个民族在这里融合为一体。[2] 概括一点来说，中国境内这些各具特色的少数民族文化，当然是人类文化多样性的生动见证，也是繁荣发展祖国丰富多彩的文化，是维护各民族团结和国家统一，是增强中华民族凝聚力和向心力的重要资源。历史上族群之间尽管也有冲突和对立，有矛盾和斗争，但主流和总体态势是各民族在政治制度、经济生活和文化创造上长期相互学习和借鉴，沟通和交流，进而在各自的发展中，以多种多样的方式生动印证了文化通过共享获得繁荣进步的普遍规律。从一定意义上说，这也是中国文化道路的基本样貌。当今世界，种族冲突和文化冲突仍频繁发生，这使得中国文化道路的反思和

---

① 至于文化多样性对于人类的价值和意义，联合国教科文组织在《世界文化多样性宣言》中已有精要概括："文化在不同的时代和不同的地方具有各种不同的表现形式。这种多样性的具体表现是构成人类的各群体和各社会的特性所具有的独特性和多样化。文化多样性是交流、革新和创作的源泉，对人类来讲就像生物多样性对维持生物平衡那样必不可少。从这个意义上讲，文化多样性是人类的共同遗产，应当从当代人和子孙后代的利益考虑予以承认和肯定。"

② 红柯：《丝绸之路：人类的大地之歌》，《光明日报》2017 年 4 月 21 日。

总结具有很强的现实意义。

　　同时，一方面少数民族文化对整个中华文明所作出的贡献，今天仍然以多种方式存在与发展，其中相当大一部分仍然被很好地保存在少数民族民众当中，是他们日常生活的一部分，而且容易识别。在宗教信仰实践、语言文字使用、艺术创造欣赏、宇宙自然认知、生计劳作操持、社会人伦赓续等方面，少数民族民众都体现出他们惊人的对环境方面的适应能力和思想文化方面的创造能力。另一方面，还有不少少数民族文化已经长期为诸多族群所共享，不太容易找出渊源了。各少数民族文化在观念信仰、经济生活、政治和社会管理智慧、军事思想、艺术创造、语言文字使用等方面，充分地彼此借鉴和相互融合，形成了中华文明"博大精深"的胸襟和气度。比如，成书于北魏末年（533年—544年）的世界农学史上最早的专著之一的《齐民要术》里，就有不同族群之间文化交流的内容。有学者总结说，其中至少记录了少数民族在育种和引种方面、畜牧文化和畜牧技术方面，以及饮食文化方面的内容，对中原文明曾作出了很大贡献。

　　而且，自古以来中国就是一个开放的、世界性的国家，中国文化也是一种面向世界的文化，既能够敞开胸怀吸纳外来文化，也能包容并成功转化外来文化，所以最能理解文化的共享性。中国文化的这种世界性，被近现代以来的西方中心主义论者所否定，特别是他们批评中国文化在远古时代的历史虚无主义，从而影响了中国文化的世界性历史、世界性价值与世界性影响力。一方面，中国文化自秦以后就参与到了世界文化交流中，主动接纳了外来文化。另一方面，中国又向外输出了文化，比如唐代以后，中国文化就是东亚、东南亚文化的重要贡献者和推动者。到了近代，西方文化所高扬的人本主义思想，与中国古代文化中的人本思想有着密切的关联。

　　所以，**中国自古以来就是一个开放国家，中国文化也是一种开放文化，这种开放性特别表现在能够融合不同文化并创新转化的文化品格上，参与建设国际共享文化自然是题中之意**。比如，佛教的中国化；欧洲启蒙运动中的人文主义就是受中国人本主义精神影响的。在中国文化中，从西周以来就奠定了以人为本的文化精神和文化品格，而西方在公元以后奠定的是以神为本的文化，直至欧洲启蒙运动时期才高举起人本主义的旗帜，启发人不要做神的奴隶，要做人自己。它的思想来源之一是古希腊罗马文化，而更重要的来源是16世纪以后传教士们从中国传回去的中国以人为本的人文文化。他们从中国思想家那里吸取了人本思想，用以批判欧洲中世纪以来的神本文化，高扬人类理性的独立、自主，把中国看作是一种最理想的社会。所以，欧洲的人本主义应当是从中国传过去的，至少受到中国文化的很大影响。

中国传统的共享基因不仅丰富多彩，而且具有鲜明的特点。第一，这种共享基因既是中国文化的积淀、自古以来的思想精华、中国人民的共同价值，更是行为规范与操守准则，是"知行合一"的有机统一体。第二，这种共享基因虽然最早出现的方式各不相同，比如有的是先哲们的思想，有的是区域文化的智慧等，但在后来的演进过程中都超越了个人行为要求，凝聚成为全体人民的共同准则，成为社会秩序、民俗习性、家族原则等核心价值，不再仅仅作为一种思想让后人缅怀，而是成为了全体人民的文化原则与行为标准。这说明什么呢？我认为可以这样进行归纳：中国的共享，是整体的，是全民的；中国的共享，是自觉的，而非强制要求的。这也是中国总是让人看到强烈的同一性的一个根本原因——中国人常常会自觉认同一致性认识，最容易形成一致性行动，远非有人批评的缺乏民主精神所能概括的，这也可以归结为中国传统文化以及中国人的行为规范里所自觉坚守的集体主义价值认同原则。

同时，中国传统文化还特别强调"身修而后家齐，家齐而后国治，国治而后天下平"①。意思是，一个人一定要重视内外品格的修行，如果修身到了内外完善的时候，就可以把自己的家庭经营好了。家庭是国家的基础，一个人能够把自己的家庭经营好了，也一定可以把国家治理好。一个能把自己国家治理好的人，也就一定有一套方法能够让世界和平发展，让天下太平。这

①《礼记·大学》中说："古之欲明明德于天下者，先治其国；欲治其国者，先齐其家；欲齐其家者，先修其身；欲修其身者，先正其心；欲正其心者，先诚其意；欲诚其意者，先致其知，致知在格物。物格而后知至，知至而后意诚，意诚而后心正，心正而后身修，身修而后家齐，家齐而后国治，国治而后天下平。"中国传统文化强调的是，通过降低自己的欲望，减少自己的贪念，让自己头脑清醒，是非曲直分明。一个人正念分明后，就要努力在待人处世等方面做到真诚二字，努力断恶修善，久而久之自己的修养就会完善起来，也就有了智慧。

里有明确的层次关系——一个人可以一级一级地往上攀登，一圈一圈地往外扩展。核心基础是什么呢？就是要有共享情怀、共享目标、共享能力。在中国人看来，共享来自于自然的昭示与传递，一个人想要处理好共享的关系，这是基础，而家庭是最基本的共享共同体，在家庭的基础上能够扩展到集体、族群、社区、国家，最后才能够扩展到天下。**这样下来，中国传统共享文化就出现了三个特点：第一，中国人拥有深沉的共享基因、共享情怀、共享目标等；第二，中国人最重视共享的基础作用，而且特别强调个人对共享共同体的基础价值；第三，中国人不满足于个人主义式的共享，强调共享的层级向上发展性与共享范围的逐步扩展性，不是单体的直线式共享共同体，而是球形的圆形共享共同体。** 这也是至今为止即使中国再强大也没有出现大规模地掠夺他国土地与侵占他国利益，而是通过和平、交流、融合的方式扩大影响的重要民族基因与民族价值。

比较而言，西方人却表现出强烈的不一样的特点：第一，西方人也较早发掘出了人类的共享基因，即使是在古希腊和古罗马时期，先哲们就为人们描述出了以共享为特征的"理想国"，但是先哲们的这些伟大思想，往往只是作为一种思想价值为后人所颂扬，却没有形成西方人一致性的认识与价值原则，始终是学术归学术，思想归思想，行为归行为。第二，在原始个人主义原则下，最伟大的思想（宗教思想则是特殊的认识观与行动观），比如古老的共享思想，也只是保护个人利益的手段与方式，始终没有成为人们的共同目的。**所以我一直认为，这不能不说是西方很多伟大思想家、哲学家的哀伤，也是西方社会总是处于一种动荡不安状态的一个重要的思想根源。哲学源头所蕴含的内在规定性，往往在后来的实践中逐步外化出来。** 正因为如此，许多西方人常常不理解中国所提出的共享发展的世界情怀与世界精神，不理解"先天下之忧而忧，后天下之乐而乐"的共享情怀，也不理解中国始终把共享作为社会发展的目的与价值所在。同时，中国人也不理解西方人极端的个人主义原则，特别是在动荡中更加寻找个人主义的自我保护，而没有把大众利益作为思考与追求的根本原则。比如，世界性的金融危机主要来源于美国华尔街的金融衍生品，在危机中不但没有损失反而获得最大利益的也是华尔街的所谓金融家。我想，随着全球共享的推进，西方在资本导向、个人主义导向下形成的一些非共享、逆共享的思想将会逐渐被追求共享的思想所逆转，东西方将进一步超越以往文明的局限性，共同追求人类的发展与进步。

共享文明：中国文明发展正在攀登的第四大高峰

中华文明又称华夏文明，是世界上最古老的文明之一，也是世界上持续时间最长、至今没有间断的文明。同时，**中华文明拥有强大而独立的创新体系、自我完善的发展体系和开放融合的转化能力**。研究者普遍认为，中华文明有三个直接源头，即黄河文明、长江文明和北方草原文明，中华文明就是中华大地上的这三大区域文明交流、融合与超越的结果。《新唐书·舆服志》中说："中华者，中国也。亲被王教，自属中国，衣冠威仪，习俗孝悌，居身礼义，故谓之中国。"中华文明形成与发展的特点是在漫长的岁月里逐渐成熟起来的，是中华民族集体智慧与劳动成果的结晶。我认为，中华文明在历史发展的过程中造就了众多文明发展高峰，最灿烂的有三大高峰，而且在此基础上有可能在 21 世纪出现第四大文明发展高峰。

中华文明发展的第一大高峰是出现在春秋战国时期的诸子百家思想文化体系。春秋战国时期，经济、社会、文化经历划时代的大变革，与此相应的是，许多思想家从不同的立场和价值观出发，对当时的社会变革提出不同的主张，墨家、儒家、道家、法家、名家和阴阳家等诸子百家的思想几乎都在这个时期集体涌流并走向成熟，整个文化领域表现出了"百家争鸣"的景象，而且这种"百家争鸣"的景象不仅在先前的文化发展过程中没有发生过，后来也没有再出现过如此众多的思想家和经典著述。春秋战国时期成为名副其实的中国文化史上最富有原创性的巅峰时期。春秋战国时期的各种思想也因此成为中国文化的源泉，此后中国文化的思想尽管丰富多彩，但几乎都能够从春秋战国时期的思想中找到源头。**所以，我把中华文明发展的第一大高峰称为中国文化之源体系。**

中华文明发展的第二大高峰应当是在汉王朝时期形成的基本统一的中华思想文化体系。汉王朝（前 202 年－前 220 年）是中国历史上继秦朝后出现的朝代，历经西汉与东汉，在中国历史上具有承先启后的重要地位。汉王朝发展到第七代，也就是汉武帝时期，在文化上，汉武帝继续了秦始皇开创的大统一体系，但又废除孝武皇帝在位之前以"黄老学说、无为而治"的治国思想，采纳董仲舒"罢黜百家，独尊儒术"的建议，使儒家思想从此逐步成为中国两千年来的"主流思想"，而且使儒家仁爱、君子、天命、道德、心性等形而上学性质的问题，转变为汉代政治权力的合法性、制度性文化基础。**其实，孔子关注的永远是现实世界，而非形而上学世界或神学世界，所以他最后没有成为神，而成为一个人世间的"万世师表"。**董仲舒的建议或许才是孔子的真义。与此同时，汉武帝攘夷拓土，国威远扬，他东并朝鲜，南吞百越，西征大宛，北破匈奴，奠定了汉地范围，开辟了连接东西、影响深远的丝绸之路等，在缔造大汉民族的基础上推动民族文化的交流与融合，形成了中国历史上基本统一的思想文化体系，也就是"秦皇汉武"体系。**我把中国文明发展的第二大高峰称为中国文化古代统一化发展。**

中华文明发展的第三大高峰是在唐王朝时代形成的唐文化引领下多元发展、儒释道统一为特征的世界文化中心。唐王朝是中国历史上第一个气势恢宏的时代，其疆域辽阔、农耕发达、都市生活繁荣丰富、政治开明，唐王朝所创造的丰富文化把中华文明推向了又一个辉煌灿烂的时代。我想特别需要强调的是，唐王朝是一个思想多元化的时代，它推动了儒、释、道的融合与发展，加强了与各民族的交往，而且主张"华夷一体、四海一家"，广泛吸收世界各民族文化的精华，兼容并包、共同发展，实现了儒、释、道的统一，从而使中华文明迈向了历史上最伟大的发展高峰。**我把中国文明发展的第三大高峰称为中国文化的古代国际化发展。**

今天，中华文明发展正在攀登的第四大高峰有可能就是在 21 世纪头 10 年崛起的以共享为基本价值的中国共享文明。与前三大高峰不同的是，中国文化所孕育并崛起的共享文明是在当今世界前所未有的大变局之际——无论是发达国家还是发展中国家都在寻找新的发展方向与发展道路之际——出现的中国主张，既融入了世界经济社会发展成果和东西方文化精神，特别是西方经济社会发展体制所出现的转型发展成果，诸如西方国家福利主义制度、公平正义原则下的社会保障体制等，更重要的是在总结了中国文化、中国理论、中国道路等发展经验基础上所形成的中国模式——以"一带一路"为代表的共商、共建、共享的从人类命运共同体到人类文明共同体的发展目标、原则与方法。这种模式既是中国理念、中国主张，也是世界诉求、世界方向，主张经济全球化的利益不应由部分国家享有，而应由世界各国共享。所以，这种模式必将对世界经济社会发展和21世纪人类文明协同发展产生积极的引领与推动作用，为全球治理和全球化发展注入新的动能。**我把中华文明发展的第四大高峰称为中国文化当代引领化发展。**

谈到这里，我想到了一位比利时拳击高手挑战中国传统太极拳的事。如果从切磋技艺角度来讲，东西方拳术以武会友是无可厚非的事，也是一件好事。如果从文化上看，不同拳术的文化蕴含了不同的意义。我认为，西方的拳击，直接强调的是输与赢的结果，突出的是个人英雄主义，所以双方一上阵就猛击猛打，一切都是为了以最快的速度、在最短的时间内把对方击倒。不管是赢家还是输家都打得精疲力竭，精力与斗志都消耗殆尽。而中国太极拳却是另一片天地。它体现了中国哲学的思想，积累了中国传统文化的精、气、神，刚柔兼济，快慢有序，张弛有度，出掌收拳，胸有成竹，所以越打越顺畅，越打越有精神，越打越有气度。一拳下来，赢家有度，输家也合手抱拳，进退有礼，双方都能产生一种新的感觉，从拳术里悟到的是一片新的世界。进入21世纪之后，世界各国面对的不再是一个简单比力量、比武力的时代，而是一个更需要比智慧、比包容的时代。所以，我们既不能简单地说西方拳击好，也不能简单地说中国的太极拳好；既不能简单地说西方文化好、西方文明都好，也不能简单地说中国文化好、中国文明都好。西方文化和西方文明在人类发展历史上都发挥过积极的作用，比如早年西方就发展起来的个人主义、平等、自由、民主、法治等思想，是西方社会的主要价值，也是推动人类社会发展与文明发展的重要价值。但是，20世纪以来，其中许多思想观念被人为地推向了极端化、偏执化，这就背离了人类发展的基本要求，妨碍甚至危害了社会发展。中国文化也重视个人主义，强调平等、自由、民主、法治等思想，但是中国文化更强调的是集体主义，是中庸，是天人合一，是融合、超越与发展。特别是到了21世纪，中国文化、中国文明中的共享价值就更加显示出了它的发展价值，再一次被推向了人类发展的最前台。尽管如此，**世界也只能通过西方文化与东方文化相互交流与融合，共同构建东西方的共同价值**，并以此为基础，人类社会才可能拥有美好的未来。所以，不同文化、不同文明首先要自知、自重与自尊，不亢不卑，不骄不躁，然后是相互融合，以共同文化价值为基础，共同构建人类价值共同体与人类文明共同体，人类才可能走上并不断修正共享发展的道路。

所以，我们应当客观地认识中国的大国意义。中国的大国意义在于发展自己的同时，谋求与实现与大家的共同发展，中国不会把自己的富强、幸福建立在损害别人的利益之上。中国文化不会这么做，中国政府也不会这么做，中国人民更不会这么做。中国长期以来坚守的原则是，中国不会容忍别人干扰、侵害自己国家的正当、合法利益，更不会为了本国利益而伤害他国。孔子在两千多年前所说的"己所不欲，勿施于人"[①]古训，一直是中国的现实价值目标与准则，也体现了中国共享文明的核心要求与追求。从这个意义上说，文化或者文明就是我们每一天的现实生活，就是我们的气概与气质，有肉也有血性。文化或者文明不是抽象的概念，而是生活的细节与内在的价值与追求。

雄安新区：中国 21 世纪发展的"千年大计、国家大事"

"雄安新区"体现的是中国共享发展理念中的国内共享一翼。"80 年代看深圳，90 年代看浦东，21 世纪看雄安。"这句逐渐流传起来的话已经把雄安新区的价值与意义阐述出来了。

2017 年 4 月 1 日，中央决定建设河北雄安新区。紧接着中央企业纷纷表态积极支持并参与雄安新区建设。4 月 13 日，新华社以《千年大计，国家大事》为题，详细报道了以习近平同志为核心的党中央决策河北雄安新区规划建设过程。为什么称之为"千年大计、国家大事"呢？我认为，"千年大计"应当是针对历史来说的；"国家大事"则是相对于世界发展来说的。雄安新区要在五年至十年之内建成 100 万到 300 万以上人口的一个新区，是一件很大

---

① 《论语·卫灵公》。

的事情，目前在全世界范围内只有中国才可能做到。中国这样做的理由一定很充分。结合习近平对雄安新区建设提出的七大重点任务，我认为最重要的有四大原因：一是首都北京发展的需要，二是中国创新发展标杆的需要，三是中国模式发展的需要，四是中国共享文明建设的需要。

雄安新区地处中国中原腹地。中国自古就有"得中原者得天下"的古训。今天，我们却不能再以这样的视角、胸怀、价值来谈论中原，但据此深刻理解中央决定建设雄安新区的重大理论价值与实践价值则是理所应当的，也是必然的。首先，雄安新区承担着集中疏解北京的非首都功能。京津冀协同发展的关键是有序疏解北京的非首都功能。目前，聚集在北京的非首都功能主要包括：一般性的制造业，区域性的物流基地和批发市场，中心城区过于密集的教育医疗资源，部分行政、事业、服务单位等。非首都功能的聚集，严重超出北京的承载"负荷"，致使出现了诸多问题。因此，积极推动北京非首都功能有计划、分步骤地向中心城区外转移和疏解十分迫切也非常必要。与无序的分散承载相比，集中承载能够更有效配置资源并实现内涵集约发展。雄安新区作为北京非首都功能疏解的集中承载地，区位优势明显、交通便捷通畅、生态环境优良、资源环境承载力较强，现有开发程度较低，发展空间充裕，具备较大规模集中承接北京非首都功能疏解的空间条件。同时，北京将以中关村为主的创新要素大力支持雄安新区的建设与发展，推动创新要素向雄安新区聚集。雄安新区将以中关村等地的创新生态系统为依托，打造创新高地和科技新城。随着规划建设的不断推进，雄安新区将在有序集中疏解北京非首都功能中发挥独特的作用。所以，雄安新区的本质特征就是一个共享文明区，是中国共享发展的示范区。

从技术创新、制度创新的角度再看雄安新区的战略意义，我想到了当年建立深圳经济特区的创举。回想起来，我也是最早进入深圳的人。三十多年前，中国进入了一个伟大的改革开放时代。后来，为了更好地对接经济全球化，又设立了浦东新区。2017年春天，以习近平同志为核心的党中央在中原大地上画了一个圈，建设"千年大计""国家大事"的雄安新区。我坚信的是，中国将由此进入一个更加重要的发展时期。

我们怎样正确地认识三十多年前后的这两次设立新区的创举呢？这中间

有什么必然联系呢？毫无疑问，这是中华民族对人类文明发展交出的答卷。我认为，1979 年设立深圳经济特区，是一种被动地对接世界发展与主动地解决国内发展问题相结合的伟大创举。20 世纪 90 年代初开发浦东新区也是一种相对被动的对接全球化的方式。2017 年建设雄安新区则是我们主动出击、自主发展、自创模式的战略决策。我们不仅要以此更好地推动全球化发展，还要以共享理念来引领一种新的文明——共享文明在世界的发展。如果建立深圳经济特区、浦东新区是以对外开放、经济发展为主，那么建设雄安新区则是建立中国模式的共享文明体制。这或许才是建设雄安新区的中国价值和世界意义。

再回到雄安新区所向往的宏大高远的建设规划与未来目标上来，我的理解是，雄安新区将是总体上实现"蓝绿交织、清新明亮、水城共融"共享目标的中国"共享城市"。所以，雄安新区建设将形成影响深远的中国价值与世界价值，具体表现在六个方面：第一，是 21 世纪 20 年代前后中国创新与世界发展的重要增长极。第二，是中国理论、中国模式、中国道路、中国特色的重要策源地与范本。第三，是中国在 21 世纪向全球贡献的一个中国式新的国际创新中心。第四，是中国文化引领中国走上世界舞台中心的重要标志。第五，是留给中国历史与中国共享文明走向成熟道路的制度、模式、文化等价值的集合体。第六，是中国真正从世界大国走向世界强国的时代里程碑。

当然，如何落实这个宏伟的规划，则又是一个伟大的创新工程、一个艰苦的实践工程。这就决定了建设雄安新区必须坚守中国特色社会主义市场经济体制的政治原则与经济原则，既要杜绝机会主义，也要杜绝冒险主义，首先争取在以下三个方面进行突破与创新。

一是创造性地建立长期持续的融资渠道，设立一个政府主导、社会参与的多种综合开发基金。以雄安新区房地产发展为例，首先要严格落实中央有关"房子是用来住的，不是用来炒的"的指示要求，严格管控雄安新区规划、土地、户籍、不动产交易及项目。同时，保证开发建设所需要的大量资金，最大限度地减少政府的投资压力，建议借鉴国际上房地产金融成熟的市场模式，结合中国国情以及雄安新区的特点，成立雄安新区房地产信托投资基金。为此，可以考虑将雄安 30 平方公里启动区的土地基础存量价值作为资产池，向国家开发银行、保险机构、四大资产管理公司等国家主流金融机构募资以用于启动区的基本建设，在2—3年内使启动区初具雏形。一旦新区具有租金收益后，即可通过中央批准将资产打包进行上市挂牌流通，通过拆分资产份额，拉动社会资本参与投资，建立形成雄安新区长期持续的融资渠道。同时，通过新区建设的不断扩展及资本的流通，预计每年可实现7%—8%的固定收益及权益增值所带来的收益，将更大范围地吸引社会机构与个人源源不断地参与到投资队伍中来，从而全面地解决雄安新区的融资问题。为保证基金的健康运行，建议以雄安新区房地产信托投资基金为基础，成立由政府与社会资本联合组成的雄安新区投资信托基金管理公司，统筹负责整个新区的运营管理工作，拥有对于新区资产的管理权、经营权及收益权。通过有效的基金运营管理模式，一方面可以改变过去政府主导市场行为所导致的招商引资成果与产业发展初衷相脱节的现象；另一方面，也可以以资本为纽带推动行政体制与社会运营方式的改革，在保留政府履行行政及公共安全等基本职能的基础上，防止因政企不分所滋生的腐败，避免政府部门间的推诿扯皮，从而不断提高城市的运行效率。把投资、产业、商业、经营等交给市场，真正实现政企分离，杜绝权力对商业的寻租空间和行为，把权力关进制度的笼子里。以资本为纽带，整合资源，推动运作模式和管理机制创新，在政府引导和控股下，实现公司化、产业化、市场化、专业化、社会化运行，确保雄安新区实现预期的发展目标。

二是创新经济社会发展方式，特别是在产业发展上探索实现"有为政府、有效市场、有机社会"三者相结合的发展道路。从本质上说，就是切实处理好政府、市场和社会的关系，在实际工作中既不是简单地向市场放权、向社会放权，也不是简单地加强政府责任。我们所说的有为政府，就是要强化政府和人民的联系，坚决割断政府和资本的联系，真正让"市场起决定性作用"。我们所说的向社会放权，首先是建立一个以大多数人为基础的"人民社会"，而不是构建一个容易异化为既得利益集团的工具，甚至为外部势力所掌握的"市民社会"，是要让普通劳动者有工作、有保障、有尊严、有希望，同时也有条件、有动力地参加社会事务，形成良性的、同政府合作的而不是对立的社会组织。具体来说，就是要坚持市场经济，而不是市场社会。特别是

118

在实践过程中，更不能笼统地讲市场化、产业化，要严格区分并执行市场化、产业化与非市场化、非产业化政策。经济上的竞争性产业等可以完全放开，进行全面市场化，走产业市场化的道路。与社会公平联系紧密的行业，比如医疗、教育、文化、社会保障等，因与普通老百姓日常生活紧密相关而不能简单地进行市场化、产业化，而必须走政府主导、政府有为的道路，市场化、产业化只能发挥补充作用。西方社会更多的是走市场化、产业化道路，一个重要的原因是私人拥有一定的财富并控制了社会财富。中国走的是共同富裕的道路，一部分人通过劳动富裕起来了，但这并不是社会发展的基础，而只能走"有为政府、有效市场、有机社会"三者相结合的发展道路。雄安新区如果在这些方面率先突破，对中国模式、中国道路发展来说意义十分重大。

三是创新收入分配体制改革，在完善初次分配制度、加大再分配调节力度的总体思路下，探索"按资分配"与"按劳分配"相结合的收入分配制度模式。这还是怎样建立中国特色社会主义市场经济体制的一个问题。西方资本主义社会实行的就是"按资分配"的收入分配制度。改革开放以来，我们基本上强调的是如何招商引资，如何重视和尊重资本，不可避免地强调"按资分配"，弱化了"按劳分配"。但是，如果长期仅仅重视"按资分配"，就可能造成严重的贫富差距，形成严重的社会隐患。这显然是有问题的。在雄安新区规划中，重点建设的是创新中心、技术中心等，既需要大量资本，也需要强大的智力，还需要众多的普通劳动者，而前者正是市场经济条件下最能够获得最大利益的主体，如果不断强化"按资分配"等，有可能不断加深社会矛盾。所以，雄安新区首先就要重视和研究"按资分配"与"按劳分配"的问题，创新收入分配制度。第一，明确我们建立的是市场经济；第二，明确我们建立的是中国特色社会主义市场经济。在这两个基本原则下，创新"按资分配"与"按劳分配"相结合的道路，重点是要探索两者之间的"度"是什么，劳资两者的分配比例是多少。通过这种分配制度，既能不断激发资本的力量，保证资本的利益，又能保障劳动的权力与收益，让脑力劳动者与体力劳动者更好地享有劳动的收益，建立相互促进、共同发展的劳资关系及企业与社会关系，真正实现雄安新区快速、健康、可持续发展的目标。

所以从发展的意义上说，雄安新区作为中国共享文明国内发展的一翼，将成为中国传统文明中的共享基因以及中国社会主义革命与建设、发展过程中所创造的新的共享理念、共享精神与共享实践的伟大成果，不仅在中国共享发展中发挥引领作用，也一定会在 21 世纪人类文明发展中发挥积极的促进作用。

"一带一路"：中国推动全球 21 世纪发展的宏大倡议

与"雄安新区"目标相对应，"一带一路"体现的是中国共享发展理念中的国际共享一翼，根本目标是通过增强全球联动来完善全球经济治理机制，为全球共享发展指明一个前进的方向。

2013 年 9 月 7 日，习近平在哈萨克斯坦纳扎尔巴耶夫大学发表演讲，提出了共同建设"丝绸之路经济带"的畅想。同年 10 月 3 日，习近平在印度尼西亚国会发表演讲，提出了共同建设"21 世纪海上丝绸之路"的构想。这两者共同构成了中国关于建设"一带一路"的宏大倡议。中国提出关于"一带一路"的倡议，具有两个十分重要的特点：第一，这是在 21 世纪世界经济社会发展大变局之际，中国按照中国共享价值原则、中国理论、中国道路向世界倡议开辟的一条全球共享发展的道路；第二，这是中国作为全球第二大经济体正在崛起的具有鲜明特色的社会主义国家与 21 世纪世界发展相对接、通过构建人类文明共同体来建设人类命运共同体，从而积极引领世界新型全球化的一个伟大提议与发展创举。**"一带一路"倡议将深刻带动和推进沿线国家乃至世界相关国家和地区至少 20 年到 30 年的发展。所以，就本质而言，"一带一路"是中国提出来的，但它不仅是中国的，也是世界的，是新型全球化的重要组成部分。**

首先，"一带一路"让世界重新认识到不同文明拥有共享的文明价值。人类共享的文明价值是什么意思呢？共享的文明价值就是不同地区、不同国家、不同民族所拥有的属于自己的一系列思想理念、文化追求、精神情操等文明成果，尽管别的地区、国家、民族不一定拥有，但大家能够相互理解、相互尊重，从而成为人类能够共享的文明价值。"一带一路"沿线国家和地区是人类文明最早发祥地之一，是世界文明多样性最丰富的地区，也是当今世界最为复杂的发展地区。关键原因是这些地区都拥有自己个性化的文明价值与文明成果。所以，尊重文明多样性，共享不同的文明价值，让不同文明融合与发展起来对这一地区来说，具有极其重要的意义与价值。由于人们所处的地理位置不同、生活习惯不同、宗教文化信仰不同、社会经济与政治不同、思考方式与行为方式不同，自然会形成不同的文明价值。比如西方人信仰上帝、敬奉神灵，中国人却从孔子开始就"敬鬼神而远之"。《论语》这样记载：季路问事鬼神，子曰："未能事人，焉能事鬼？"曰："敢问死？"曰："未知生，焉知死？"尽管如此，东西方文化还是能够相互尊重、相互理解。因为不同地区、国家、民族之间存在能够共享的文明价值，或者拥有能够共享的文明基因，人们也因此可以相互交流与融合，进而认识到从生活共同体到命运共同体的价值，以及文明共同体对人类发展的价值与意义。这就是说，人类具有一种天然的包容情怀，能够共享不同的文明价值。古代丝绸之路上既有往来穿梭的中国人，也有熙熙攘攘的阿拉伯人、波斯人等。所以我认为，"一带一路"让世界看到了遥远的古代不同民族的人，将中国的中原、西域与阿拉伯、波斯湾紧密联系在一起，后来东段又到达韩国、日本，西段延至法国、荷兰，通过海路还到达了意大利、埃及等，成为亚洲与欧洲、非洲各国经济文化交流的重要通道。显然这是共享的文明价值发挥了作用。中国三十多年来的发展与崛起，已经为世界发展提供了可共享的文明价值。在中国的定义里，"一带一路"是一条政治平等之路、经济往来之路、互通有无之路、共同发展之路、文明融合之路。而且，**中国首先要唤起的就是"一带一路"上的远古中国已经拥有的大家能够共享的文明价值，从而激活沿线国家和民众对远古共享文明价值的敬畏，通过复兴共同的文明记忆，加强今天的文明交流，共同创造今天人类的共享文明。**耶鲁大学历史系教授汉森曾经这样称赞："丝绸之路之所以改变了历史，很大程度上是因为在丝绸之路上穿行的人们把他们各自的文化像其带往远方的异国香料种子一样沿途撒播。"我想，这才是建设"一带一路"最伟大的价值所在。

其次，"一带一路"让世界再一次重温不同文明所共同拥有的价值理念与价值准绳。从历史事实看，"一带一路"所经之地几乎囊括了古代世界所有最发达的文明区——中国、印度、波斯、美索不达米亚、希腊、罗马等文明的核心地带，而且是产生了不同文明的地带。尽管如此，我们也应该清楚地知道，世界不同文明之间都拥有共享价值，不同文明能够独立发展又能相互理解与沟通，其根本原因就在于彼此之间拥有共同价值。比如爱、善良、真诚、和平、民主等，就是世界不同的文明都共同拥有的共同诉求与价值内核，是全人类共同的价值理念与价值准绳。**这些价值理念与价值准绳对不同地区的人们都具有相同的吸引力和影响力，也成为了不同地区、不同国家、不同民族能够以各自文明为基础，且能够处理好相互之间的关系、促进共同发展的价值基础。**即使是在今天，虽然互联网的出现与发展已经急剧地改变了人类生存和发展的环境与方式，但是全人类共同的价值理念与价值准绳却是始终不变的，即使要改变也是发展而不会是削弱与丧失。"一带一路"沿线国家都拥有悠久的历史与灿烂的文明，虽然所处的地区不同、国家不同、文明不同，但在长期的发展过程中，彼此都能相互理解与尊重。比如，伊朗就是一个具有数千年历史的文明古国，伊朗人民创造了辉煌灿烂的民族文化。**比如，中华文化是世界上唯一没有中断发展的文化，根本原因就是中国信奉中正平和、崇尚自然、追求和谐，不走极端、不搞民族斗争和宗教战争的文化原则与文化追求。这也是中国文化能够团结"一带一路"不同文明、不同民族、不同宗教信仰的根本原因。**尽管如此，我们建设"一带一路"还必须坚持整体原则、共享原则，比如在考古上，就不能只关注中国方面的考古，应当联系"一带一路"沿线国家的考古，共同把历史上大家共同拥有的价值理念与价值准绳研究透彻、解释清楚，为今天与未来的发展提供更加坚实的历史经验与价值基础。

再次，"一带一路"在世界上开启了又一条推动不同文明相互交流的大通道。从现实来看，当今世界各国之间相互交流的渠道很多，而渠道也畅通多了。问题是信息性的、碎片化的交流多了，深层次性的交流却不多。比较而言，文明交流往往是最深层次的，许多问题产生的根源就是文明的隔膜与冲突。**所以当今世界又面临两大任务：一方面需要拓展新的文明交流渠道，另一方面亟待交换更深层次的不同文明发展问题。只有在这两个方面同时推进，才有可能更好地促进人类社会发展。**从本质上说，"一带一路"不仅是商业通道，而且是人类社会交往的平台，不同民族、不同种族、不同宗教、洞文化在此交汇融合，使丝绸之路不仅成为一条"经济带"，也成为一条"文化带"。习近平曾经指出："文明因交流而多彩，文明因互鉴而丰富。文明交流互鉴，是推动人类文明进步和世界和平发展的重要动力。"[①] 历史证明，任何一种文明，不管它产生于哪个国家、哪个民族的社会土壤之中，都是流动的、开放的，都是能够相互影响、相互促进的。这是文明传播和发展的重要规律，也是文明发展的历史事实。自古以来，陆上和海上丝绸之路就是不同文明交流的通道，东西方文明在丝绸之路上流动、碰撞、融合、发展，共同推动了人类文明向前繁荣与进步。文明交流是不同国家、不同民族之间最普通、最直接的连接通道，也是让世界相互沟通的最好通道。中国古代通过"一带一路"输出了中华民族优秀文化，也吸收了其他国家和地区的文化精髓，与沿线各国结下了深情厚谊。中国倡议世界共同建设"一带一路"，一个重要的原因就是古代丝绸之路最能够激活沿线国家以及与"一带一路"有关系的国家的文明记忆与历史记忆，最容易通过文明交流达到民心相通。在世界日益复杂化的今天，找到一条能够唤起各国文明记忆的通道或者一个公平对话的平台，重新回味与认识不同文明在历史上的包容性、感召力和吸引力，求同存异、取长补短，既是当今世界的福音，也是人类文明发展的福音。

最后，"一带一路"能让世界打开构建人类文明共同体的发展时空。我们知道，中国文化最重视"家"。"家"本质上就是一个拥有基本共同价值的共同体。**中国尽管地域辽阔、民族众多、人口发达，但是从古代开始就在共享基因这个核心文化价值基础上完成了文明共同体的建构，形成了中华文明所特有的包容性、求同存异性和兼收并蓄性等特征。**这些特征有利于世界各国、各民族理解中华民族的统一性、和睦性，以及文化认同性和延续性。这也是中国能够成为世界上唯一一个文明延续不间断，并且与大一统国家体制融合发展到今天的一个重要原因。因此我认为，建设"一带一路"，首先应当尊重古代丝绸之路上丰富的文明多样性，以此为基础构建文明共同体，如此大家

---

① 习近平：《出席第三届核安全峰会并访问欧洲四国和联合国教科文组织总部、欧盟总部时的演讲》，人民出版社 2014 年版，第 10 页。

才会平等相待、相互尊重、和平共处，才不会发生文明上的冲突，才能保证"一带一路"的畅通，实现"一带一路"的发展目标与远景。这就要求我们首先认识到，不同地区、不同国家、不同民族，甚至不同群体拥有不同文明是一种历史常态，也是一种历史事实。但是，大家又是可以走到一起来的，也是能够和平相处、共同生活的，前提是大家需要一定的文化共识和文明认同，找到共同价值或者说共享价值，并以此构建人类文明共同体，从而构建人类命运共同体，实现"你好，我好，大家都要好"的人类发展的"大同社会"目标。**从这个意义上说，"一带一路"就是中国希望为世界构建人类文明共同体打开的一片新的发展时空。**

人们越来越清楚地看到，当前世界经济增长格局出现许多新的变化，以中国为代表的新兴经济体开始成为拉动世界经济增长的重要力量，中国正在逐步走向世界舞台，特别是在重塑全球经济治理结构中开始有了更大的话语权，也承担了更多的责任。所以，中国受益于自古就建立了的文明共同体，今天提议以文明为发展纽带、以历史经验为殷鉴建设"一带一路"，就必须首先让世界真正理解并尊重中国的主张。第一，我们要从文化上说清楚，"一带一路"体现了中国的全球视野和大国情怀，有助于推进沿线各国在经济、政治、文化上建立全方位的互联互通和良性互动关系，进一步完善全球治理体系，减少发展不平等和不平衡现象，缩小贫富差距，使各国人民共同享有全球经济增长带来的利益。第二，我们应当发挥中国文化中的"仁爱""中庸"精神，以一种平等、包容的态度学习古代先贤们，诸如法显、玄奘等大师们的精神，怀着谦卑的心态，尊重、了解和传播不同文明，消除盲目自信、自大情绪。第三，积极同"一带一路"国家建设近似性或共同性文化圈，挖掘中国与文化圈内的国家在文化、宗教上的历史交往，让中华文化与沿线国家以近似、共生或共性的文化为基础，创造性地构建"一带一路"文明圈。正如习近平所说：一是要维护世界文明多样性，二是要尊重各国各民族文明，三是要正确进行文明学习借鉴，四是要科学对待文化传统。[①]这正是我们以共

---

① 习近平：《在纪念孔子诞辰 2565 周年国际学术研讨会上的讲话》，新华网 2014 年 9 月 24 日。

享价值为基础构建人类文明共同体的理论基础与实践目标。

2009 年，我曾经随同一位老领导从北京出发，沿着古老的丝绸之路一路西行，一直走到了新疆最西端，现在回想起来，仍然心怀景仰、感慨万千。我们乘车一路考察，风尘仆仆，不胜劳顿。遥想远古时代的张骞、蒙恬出使西域，"筚路蓝缕，以启山林"；昭君远嫁匈奴，实现民族和解，他们经历了怎样的迢迢长路？遥想远古的商人骑着骏马、赶着骆驼，昼出夜寐，穿行在万里丝绸之路上，那又是怎样的辛劳与悲壮？所以，在我的心目中，丝绸之路就是一条开启文明之路，一条绵延千年的商道，一条由商人和骏马、骆驼走出来的东西方贸易之路，一条东西方不同文明交流、融合、发展之路。所以，今天谈到"一带一路"，我感到特别亲切，也特别敬畏。从历史上看，2100 多年前，汉武帝大气磅礴，登上长安城，眺望的是大汉以外的世界。于是，他调兵遣将，大展宏图，相继开辟了陆上丝绸之路和海上丝绸之路，将中国与亚、欧、非三大洲的众多国家联系起来，把丝绸、瓷器等物品运出去，然后把香料等运回来。正是通过这样一条绵延万里的丝绸之路，世界开始了解中国，中国开始影响世界，东西方思想文化也从此开始交流、交融，经济也开始了最初的一体化进程，对人类文明多样性发展具有极其重要的作用。所以，**丝绸之路既是流淌着中华民族对外交流历史记忆的河床，也是流淌着沿线不同国家、民族相互交流历史记忆的河床。从这个意义上说，世界希望中国走到发展的前端，而中国已经张开双臂发奋前行！**

国内共享与农业、农民和农村发展

就中国国内共享发展来说，有一个极其重要的问题就是必须更好地解决农业、农民和农村发展问题。国际国内经验都已经证明，农民现代化问题是国家发展的根本问题。从经济上说，如果农民没有富裕起来，如果农民的购买力受到限制，那么整个民族的经济将受到损害。从政治上说，如果农民生活现代化了，国家也就真正实现了现代化。西方城乡一体化是在一种平等体制下实现的。从 20 世纪 50 年代开始，随着西方经济的发展，西方国家的政策以及政治、社会、文化、法律等为西方农村发展创造了条件，为城乡一体化奠定了基础，特别是在 20 世纪后半叶，西方国家深刻调整了支持农业发展的措施，比如日本在 20 世纪 60 年代初期就把农业发展与农村社会崛起作为国家整体发展战略，鼓励工业生产导入农业发展，大约用了二十年的时间实现了农村现代化。中国长期以来就是一个农业大国。中国农民的生活达到小康水平了，中国也就实现了小康；中国农民实现了现代化，中国也就真正实现了现代化。

从 20 世纪 80 年代开始，中国农村拉开了改革开放的历史序幕。三十多年后的今天，农村问题仍然是中国发展的一个重要问题。一方面，随着农民进入城市，在推动城乡一体化的过程中又加重了城市问题，城乡发展问题更加复杂地纠缠在一起。另一方面，落实农村土地承包经营权就能解决农村发展吗？怎么调动和保护农民的积极性与创造性呢？怎么推动农村生产方式现代化呢？实行土地流转经营就能推动农业可持续发展吗？还有一个重要问题是，农村集体土地所有权经农村土地承包经营权确权以后，50 年不变，加上农村集体土地所有权实行"三权"分离以后，拥有经营权的人可以改变土地使用性质还是集体主义的土地吗？要想解决这些问题，还需要一系列政策措施。现在看来，中国发展的一个重要源头是农村发展问题。**比较西方城乡一体化实行的平等体制，中国城乡一体化只能在共享体制下实现现代化转型、发展与进步。**

那么，如何发展农业才能使中国从一个发展中的农业大国向城乡一体化的现代化国家转型呢？我们在坚持中国特色社会主义的基本原则下，发挥体制优势，是否可以大胆地拓展思路，不把城乡分割开来思考问题，创造性地寻找解决问题的方法与措施呢？

第一，实行全国城乡一盘棋的发展战略，共享国家城乡统一、协调发展政策，让改革开放以来的农二代、农三代和务工农二代、农三代等能够继续在农村发展，实现自己对美好生活的向往与追求。最重要的是坚持城乡共享原则，把农村、农业发展提高到与城市发展同等重要的地位，实行一体化发展，真正打破城乡二元结构，让农村同等享受城市发展所需要的财政、金融等政策支持力度，让农村居民享有与城市居民同样的生活保障体制、环境改善机制，让农村居民真正享有农村的发展成就，消除农村下一代的苍凉感与自卑感，真正成为农村的主人和农业的发展力量。

第二，中国农业长期以来都是一种小农经济，即使经过三十多年的市场经济洗礼，面对市场、经营发展也不是农民的普遍性格与精神。农业发展需要外来的组织力量和支持力量，农民需要有人带领他们进入市场。所以，在完善农村集体土地所有权政策的基础上，坚持和体现集体主义原则，要突出两个方面的创新：一是建立企业化性质的农业利益共同体。**核心是建设中国特色的农业经营主体发展体系，让农民、农业、农村真正以市场主体的方式进入市场，真正成为市场主体，并在市场中发展壮大。**面对市场经济，面对国际农业市场化的主体，中国传统松散的家庭主体已经很难适应，即使是新型的从城市回到农村的农业主体，其体量也很小，同样难以适应市场经济的发展。根据国际经验与我国农业的实际情况，要在完善农村土地制度的基础上，以建立新的农业组织形式来团结农业主体，形成农业利益共同体，实现"三农"发展目标。二是鼓励国有企业进入农业领域。也就是说，应当发挥中国模式和国有企业经验，研究切实的政策措施，鼓励国有企业通过市场方式、经济手段进入农村，以及农业种植、养殖、加工、流通全领域，以股份制企业等现代企业方式带领农民进入市场，领导农村、农业经济发展，运用农业科技、生物科技、信息科技等新技术，从根本上改变传统农村、农业的生产方式，彰显集体主义特色，实现农民增收、农业增效、农村发展的共享目标。同时，鼓励国有企业实行从成熟农业企业退出机制，既保障农村发展，又确保国有资产保值与增值。需要特别强调的是，这是纯粹的市场行为，不是过去的集体农场、国营农场发展模式，而是发挥社会主义体制优势，鼓励国有企业引领农业发展，实现全社会共同富裕的目的。

第三，总体上实行城乡居民一体化管理，特别是应当通过适当的政策扶植，增加农村基础设施建设投资，改善农民居住环境，提高农村居民生活水平，缩小城乡环境差别，鼓励城乡居民相互流动，增强城乡的发展活力。其中，应当包括政府采取适当的方法帮助农民提高农作物的产量和质量，有效解决农业发展资金问题，以多种形式为农民提供综合的借贷服务。政府应当支持农产品的平价价格，加大农业直接补贴政策。农业的弱质性和风险性使得各国都对农业进行了不同程度的补贴。发达国家已经开始由价格支持向直接补贴转型，但价格支持始终是补贴支持农业的基础性措施，尤其是对重点敏感产品要始终予以巨额的价格支持；与价格、产量、种植面积、动物数量、投入品使用以及农户经营收入等挂钩的直接补贴逐渐发展成农业补贴的主要方式。因此，鼓励有条件的地方探索对农民实行直接收入补贴的道路，将是未来重要的支持方式。

第四，现在农民最担心、最重视的是将来如何养老的问题，农二代、农三代最大的压力也是如何解决长辈的养老问题。世界经济发展到今天，发达国家的农民政策为我们提供了经验；中国经济发展到今天，已经拥有从整体上考虑农民利益、解决农民基本养老问题的基础与条件。如何建立健全农民养老保险政策已经成为中国农村、农业发展的重大方向性问题。我认为，总体原则应当是：城乡居民养老保险政策一体化，城乡居民均应享受基本养老保险并领取基本养老金，享受老年人生活补助。一是农村养老保险政策要实行全覆盖，全体农民必须参加养老保险；二是鼓励农村参保人员参加养老保险，完善多缴多得的政策；三是外出务工的农民在外地缴纳的养老金，直接转移到户籍所在的农村老家，以使他们回乡生活有保障；四是国家在入口补助和出口补助方面的补贴应逐年加大。

长期以来，中国农村、农业、农民为城市的发展作出了巨大的贡献，现在应当从根本上采取措施确保农村、农业的发展，甚至可以调整城市发展的节奏，协同多方面力量来支持农村和农业的发展，不能以任何理由掩饰农村落后的现实，以致再耽误农村和农业的发展，这才是中国"三农"的出路，也是中国共享发展的原则，更是社会主义的本质与目的。

共享发展与中国企业家的使命

中国国内共享发展还有一个重要问题是，中国当代企业家应当如何肩负起历史责任，拥有一种自我革命、自愿共享的情怀与行动。中国当代企业家是在中国共享文明发展过程中发展的企业家，是掌握发展资源最多的一个特殊社会群体。特别是他们手里掌握着巨大的资本及投资权、分配权、收益权和私人财富处置权等。据招商银行和贝恩公司联合发布的《2017 中国私人财富报告》显示，2016 年中国个人持有的可投资资产总体规模达到 165 万亿元，2014—2016 年的年均复合增长率为 21%。同时，中国高净值人群规模在过去的十年间已翻了三番。2006 年国内高净值人群仅 18 万人，2016 年已跃升至 158 万人，也就是说，过去十年间，每天有接近 400 张"新面孔"跻身千万级以上财富人群。[①] 而且，近年来经济呈现持续下滑趋势，富人赚钱却越来越容易，私人财富快速增长。这个财富群体的绝大多数是企业家。那么，他们与资本主义条件下的资本家相比，应当有什么样的情怀呢？应当对社会发展付诸怎样的行动呢？我认为，对中国当代企业家来说，在国家发展目标、原则与法律法规体系下，他们要明确的核心问题是，共享是一种目的能力，也是道德自律的一个重要源头。

首先，企业家应当具有一种与中国文化、中国体制相适应的价值观，坚守中国社会所信仰的共享价值与人类情怀。企业家无疑是社会的精英，但他们不是自封为精英，也不是要让他们承担超过本分的义务而授予他们精英的名号。他们所拥有的智慧、财富、技能等使他们登上了精英的舞台。**中国文化向来十分重视社会精英与精英文化，对精英的要求显然高于一般人。**在孔子眼里，君子就是社会精英，他们所承载的社会价值与道德力量要丰富得多。精英如果只考虑自己的得失，世界就没有出路。精英应当拥有追求崇高生命价值的目标，还应当拥有追求公平正义的制度要求，才能引导社会向上、人心向善。孔子曾经说："君子道者三，我无能焉：仁者不忧，知者不惑，勇者不惧。"孔子要求君子应当是"仁、知、勇"三全的人。孟子也讨论了君子的问题。孟子曰："君子有三乐，而王天下不与存焉。父母俱存，兄弟无故，一乐也；仰不愧于天，俯不怍于人，二乐也；得天下英才而教育之，三乐也。君子有三乐，而王天下者不与存焉。"[②] 所以，作为一个企业家，总要有一些

---

① 《2017 中国私人财富报告：经济持续下滑，富人赚钱却越来越易》，《经济观察报》2017 年 6 月 21 日。

② 孟子：《孟子·尽心上》。

与常人不一样的秉性与特点。企业家是一群有智慧的人，也是一群善抓机遇的人。同时，**现代企业家还应当是深怀哲学思考的人，要比一般人看得远、看得广、看得透，而且既要看得到物质，也要看得到精神**。正如中国著名伦理学家唐凯麟先生谈到中国儒商时所说的那样："他们目光过大，志向高远，有优良的道德素质和卓越的经营才能，有勇于竞争、自强不息的奋斗精神。特别是他们开始自觉地把现代商品经济法则与社会主义的价值取向、中国传统化精神结合起来，营造出一种独特的经营理念和企业家精神，创造出了卓越的经营业绩。"① 而且，企业家往往能够反映一个时代的特质。从这个意义上说，中国当代企业家既是中国体制的催生物，也会影响体制的发展。对此我想说的是，中国企业家是在中国文化、中国体制下成长起来的企业家，是中国模式的建设者、推动者，也是中国道路的受益者。一方面，中国企业家深受中国文化的熏陶与影响，每一个人的心目中都浸润着共享的情结，不管他们是否认识到，这种共享情结都是客观存在的，一旦被唤起，都能为他们出力。另一方面，他们也是在中国社会主义体制呵护下成长起来的企业家，既应当创造新的财富观，有意识地追求集体主义所要求的共享价值，珍惜共同的生活，也应当拥有实践共享发展的行动与措施，合理地处理好自己的财富，尽可能让更多的人通过适当的途径分享财富，而不是一个人拥有并无限地消费财富。否则，既不利于个人发展、家族发展，也与关乎社会发展、人类发展的共享价值相去甚远，甚至会因此走向财富价值的反面，放弃永恒的共享价值原则与人类情怀，陷入物质主义与享乐主义；既为财富所困，也被财富所累，不仅无益于自我发展，也无益于社会进步，更远离了中国社会主义制度的本质要求，最终失去的是一个企业家的真正价值与人生。中国从来都是一个提倡勤劳与节俭、反对奢华与浪费的国家，这也是成就中国社会绵延发展的一个重要原因，更是一个很值得中国企业家回味的重要价值选择。

其次，企业家应当处理好科技创新与人文关怀之间的关系，始终坚持人的发展是文明发展，特别是共享文明的目的。一方面，中国的企业家要正视中国科学技术发展水平与世界发达国家之间的差距，在发展传统产业、传统

---

① 唐凯麟：《传统儒商精神是当代中国企业家的源头活水》，凤凰网2016年12月12日。

技术的同时，积极推动技术创新，尽可能利用资本优势、管理优势、市场优势等，处理好低端制造业如家电之类产业的发展与新技术、新产业之间的关系，甚至转向新材料、人工智能、医疗、生物、新能源、物联网、机器人、高科技硬件、环境保护、资源再利用等新兴领域、新兴产业，尤其需要在移动互联网、人工智能、物联网、云计算、机器人、次世代基因组技术、自动化交通、能源存储技术、3D 打印、次世代材料技术、非常规油气勘采、资源再利用 12 大未来新兴技术领域布局，推动技术创新与产业化发展，而且尽可能把技术优势转变为市场优势，造就更多的类似华为、福耀玻璃等的创新企业，涌现出更多的像任正非、曹德旺这样的企业家。**目前最需要解决的问题是，充分用好政府赋予的公共政策、公共资源，尽快改变国外企业家竭力出新技术、新产品，中国许多企业家热衷于出模式、出渠道的企业发展状态，更不能远离出新技术、新产品这个根本，而利用资本优势、资源优势跟在别人的创新模式、渠道后面进行山寨式改造，要真正创造更多的富有知识产权与核心竞争力的技术创新，从整体上把中国企业技术创新推到一个高新的发展时期。**比如，稀土是许多高科技材料不可缺少的元素，中国稀土的储藏量为世界第一，但是至今能够玩转稀土的国家只有美国和日本。比如，未来人工智能（AI）行业将从技术平台发展至"AI+ 行业"，接着再到产业平台，通过技术与资本双轮驱动的方式，实现人工智能的基础架构赋能到各个领域。我们知道，一个经济体的发展方向，需要与其相应的生产知识水平相匹配。对此，中国企业家应当怎么应对呢？中国的企业家能否向德国、日本、美国等发达国家的企业家学习，自觉提高问题意识、危机意识，真正担负起资本发展、技术发展、社会发展的责任，寻求技术上的不断创新与突破呢？另一方面，我们的企业家应当坚持以人为本的人文关怀精神，把企业发展的立足点与出发点都放在人文发展这个根本点上。这应当成为中国企业家一种重要的人文精神，而不是社会强加给企业家的人文枷锁。我们知道，如果企业提高技术水平，自然会让一部分员工丧失就业的机会，但是企业所有的技术创新如果只一味地围绕让更多的员工下岗失业，而没有预设的补救技术措施，那么这种技术创新就存在问题，或者说存在社会隐患。当然，失业与就业是政府的职责，但也应当成为企业的一种重要社会责任。比如，机器人可以提高效率，可以使无人商场赚取更多的利润，但是企业家的目的如果都是以让更多的人下岗来获得利润的最大化，那就值得严肃反思了。21世纪是人类进入又一个技术大突破、大发展的时期，同时也是人类更加追求幸福、追求尊严、追求共享的时期。中国企业家应当坚持走技术创新与人文关怀相结合的道路，既不能孤立地发展高新技术产业，又不能让高新技术创新脱离人性的轨道，走向人文发展的反面，让技术创新、技术成果成为压抑人文精神、甚至扭曲人文精神的手段，那样就完全背离了科学技术发展的真正价值与意义了。我想，共享发展的理念与实践内涵，一定能让中国的企业家对技术与人文之间的关系看得更远、处理得更好，这才符合中国共享发展的价值追求与价值目标。

再次，企业家应当创造性地处理好资本与劳动的关系，为人类共享发展与共享文明建设创造经验。我们知道，马克思高度重视劳动与劳动价值。马克思思想体系的哲学本体论就是劳动哲学本体论。人类与劳动存在天然的联系，人类依靠劳动才能生存和发展，其他如政治活动、经济活动、艺术活动等，都以劳动成果为前提。现在，资本的能力、资本的作用被人们发挥到了极致，资本已经成为经济社会发展的核心动力了。但是，如果资本在发挥其重要作用的同时，又长期占据分配的决定地位和绝对份额，就有可能带来阻滞发展的问题。特别是在中国社会主义市场体制与目标下，如何确定资本的本质作用以及分配地位越来越成为一个十分重要而现实的问题。如果纯粹按资本份额进行分配，可能会丧失共享发展的根本原则，这与资本主义条件下的资本没有区别。资本及其产生的利益是中性的，是没有善恶之分的，而掌握资本的人或者企业家却有是国别的，是生活在一定社会制度中的具体的人。对此我想说的是，中国的国有企业家手里掌握着巨额资本，其收益与分配是根据国家有关政策执行的，自由决定权是有限的，也是必须按规定落实的。而中国的民营企业家，都是掌握着资本的人，是不是可以在资本与劳动之间的关系上，特别是在分配关系上创造一些新的按比例分配模式呢？**比如，企业所创造利润的70%归劳动者分配，企业家也是其中的分配对象，30%按资本分配呢？**这样一来很可能会出现两种情况，一是企业家依然保持良好的工作状态，带领企业不断发展；二是可能影响企业家的积极性，企业发展可能会慢一些，或许会受阻。但也要看到的是，只要企业发展了，资本方可能一年少赚一些，劳动价值体现了，则可以持续获得比较好的收益，而且总体上可以促进社会平衡一些、和谐一些，这不是最好的发展方式与发展结果吗？我一直坚持一个观点，企业家是拥有资本的人，也是最能运用资本获得更多财富的人，但仅仅有资本是不够的，还必须拥有资本背后的精神，也就是资本精神，让资本所创造的财富能够通过合适的途径与手段使更多的人共享。**中国企业家更应当自觉地成为拥有资本精神的人，既重视资本价值，也重视劳动价值，不断成为使资本创造的财富走向共享的人。**资本原是中性的，资本在财富创造中的作用赋予资本巨大的发展功能与赢利功能。这种功能如果仅仅与企业家追求竞争与胜出的精神结合在一起，就可能走向极端，使发展背离进步的方向。所以，中国企业家不能只是资本发展的成功者，同时应当是社会发展的推动者和引领者，用内在的资本精神约束手里的资本，使企业家的发展不背离人的发展与人类发展的基本方向与目标。

最后，企业家应当成为联系东西方经济发展与文明交流的人，从经济的使者转型为文明的使者，成为促进人类共享文明发展和人类文明共同体发展的现代企业家。当今世界是一个完全开放的世界，人们虽然拥有不同的国别，但是相互联通的水路、公路、航路、铁路、管路、网路等已经把世界所有的人联系在一起，人类已经生活在一个命运与共的世界。中国企业家既是最早通过企业、商品、市场、服务等方式走出国门、联系世界、融入世界的人，也是运用中国智慧把中国制造、中国商品带入世界市场的人。所以，中国企业家有责任、有义务把中国模式、中国价值带到世界去，让世界更好地了解中国的历史与现实、接受中国的改变与崛起，让中国理念与中国发展为世界繁荣与进步发挥更大的促进作用。而不是只想着国外的生活，千方百计地移民到国外去。我不反对移民，也希望每一个人都能在世界上自由地往来。但我想说的是，中国人拥有自己独特的文化基因，这种基因与中国地域文化紧密相连。一个人一旦离开了这块土地，离开了自己的文化基础，还能够好好地生活吗？在不同文化博弈中挣扎是痛苦的，比如许多人移民到国外，那是经过了一个艰难的过程才能适应当地生活，是在奋斗中融入当地生活的。现在，一个人能够仅凭以往的财富就可以在移民地好好生活下去吗？

这样的移民，应当三思而后行。这或许是杞人忧天，但也是出于真诚的现实关怀。与此不同的是，中国企业家通过自己的方式，通过一定的渠道，使自己成为一个促进中国与世界交流发展的人，一个促进人类共享文明交流发展的人，从经济的使者转型为文明的使者，那才是中国当代企业家最值得去做的大事。

更为重要的是，进入 21 世纪以来，世界格局正处在加快演变的历史进程之中，中国特色社会主义发展面对的是当代资本主义世界复杂的发展与变化。**我们的企业家包括民营企业家一定要认真研究当代资本主义的复杂发展与变化。特别是国有企业家应当自觉地研究当代资本主义，及其出现的各种变化及其本质，把握资本主义和国际政治经济关系的深刻变化，更好地做大做强国有企业，展现出中国国有企业的蓬勃生机，真正为世界经济发展发挥积极的引领作用。**我想，这才是中国社会对中国企业家包括国有企业家、民营企业家最深切的期待。需要特别强调的是，这并不是狭隘的民族主义，更不是传统的国家主义，面对当代世界经济社会发展的复杂形势，我们的企业家必须首先把自己国家的事情办好，才有可能融入世界经济、团结国际社会共同促进世界的和平与发展。

中国当代企业家是中国社会主义市场经济发展的弄潮者、冲浪者，也应当成为中国共享文明发展的建设者与贡献者。**中国复兴必然是经济与文明的同时复兴，中国崛起也必然是经济与文明的同时崛起。**所以我认为，中国企业家是最能体现中国经济复兴与崛起的人群，只有从他们身上体现出中国文明发展与共享文明崛起，才是中国当代企业家的神圣使命与荣光。

中国的共享发展应当坚持"六个不动摇"

中国发展与世界发展在 21 世纪全球大格局中已经成为了一对非常现实而重要的关系。中国发展离不开世界发展，世界发展也离不开中国发展。基于这种现实联系与未来前景，我认为必须正确对待与把握"六个不动摇"，才可能更好地推动中国与世界共同发展的目标。

第一，坚持多数人主义原则和立场不动摇。这是有关社会发展体制与制度的基础理论与基础立场。中国拥有深厚的共享基因和悠久的集体主义精神。中国发展自然要坚持多数人主义原则和立场。执政党和社会服务者如果违背多数人主义原则，执政党的执政地位就会动摇，社会就会动荡不安。从目前的发展现实上看，经济社会发展的速度可以慢一点，也要均衡一点。前期发展快一点，让一部分人通过劳动先富起来，强调的是高效率、快速度，这没有错，也是非常必要的。现在则要既强调速度也强调公平，而且要更好地重视公平，让大家能够共享发展机遇、发展过程与发展成果。这是由社会主义性质所决定的，也是由中国历史、中国文化与执政党的执政目的所决定的。所以，在当前和未来发展中，要坚持多数人主义原则和立场不动摇。

第二，坚持市场经济的改革与方向不动摇。这也是重大的制度体系上的原则与基础。经过三十多年的改革实践，中国社会主义市场经济体制已经初步建立起来，但是市场秩序还不规范，一些企业家还在通过不正当的手段谋取不当的经济利益；生产要素市场也没有很好地发展起来，既存在要素闲置的情况，也存在有效需求不足的情况；市场竞争仍然没有被充分激活起来，阻碍了经济上的优胜劣汰和结构调整等。要解决这些问题，就必须坚持市场经济的改革与方向，核心就是要进一步处理好政府和市场的关系，政府做政府该做、能做的事，让市场真正在资源配置中发挥决定性作用。现在看来，发展社会主义市场经济重要的是如何更好地解决三个方面的问题，一是解决市场体系不完善的问题，二是解决政府干预过多的问题，三是解决监管不到位的问题。比如，如何大幅度减少政府对资源的直接配置？如何推动资源配置依据市场规则、市场价格、市场竞争？如何加强和优化公共服务、保障公平竞争、弥补市场失灵？要想解决这些问题，就需要我们坚持市场经济的改革与方向，否则就不太可能实现经济社会可持续发展和共同富裕的发展目标。

第三，坚持民主与法治的原则和方向不动摇。民主与法治是人类社会发展过程中形成的两大重要文明成果，也是当代经济社会发展的根本保障。从中国共享发展的目的上看，人民当家作主是中国社会主义民主政治的根本属性和核心内容。民主政治的基本含义是人民主权，就是通过多数人的统治保障公民权利得到平等实现的国家形式。历史上的民主政治都不过是占统治地位的剥削阶级的民主政治，只有社会主义民主政治才是真正的人民当家作主的新民主。人民当家作主不能动摇，中国社会主义法治建设同样不能动摇。中国的法治建设应当建立法为主体、情与法相融合的法治体系，重点是要建设完备的法律规范体系、高效的法治实施体系、严密的法治监督体系、有力的法治保障体系和完善的党内法规体系。中国的法治必须以中国的法治实践为基础，把法治的根深植于中华文明之中。当然，也要借鉴和吸收西方法治中的有益经验。世界上并不存在唯一的、普遍适用的和绝对的民主模式。社会主义法治与资本主义法治存在本质区别，但西方法治中有些做法也能为社会主义法治提供有益的借鉴。但尽管如此也不能照搬，而要交流、超越与发展。只有这样，才能建立起与中国社会主义市场经济体制相适应的民主与法治体系，把建设社会主义法治国家推向一个新的发展高度。

第四，坚持中国共产党的执政和领导不动摇。这是一个与中国文化、中国历史、中国国情、中国政治等紧密联系在一起的重大基础问题。如果在这个问题上发生动摇，中国就会地动山摇。中国历史有一个重要特点是"家天下"。孙中山先生希望改变这种历史，把"家天下"改成"民天下"。结果"民天下"没有打造出来，却错过了一些历史机遇，形成了"党天下"的局面。这种"党天下"有两个问题：一是连接着家族，二是连接着民粹。这两个问题处理不好，就有可能形成党权家族化，或者党权民粹化。这都是非常危险的，也都有惨重的历史教训。今天，中国是一党执政，一系列从严治党的措施清楚地表明，中国共产党既坚决防止党权家族化，也坚决防止党权民粹化，而严格遵循执行党章和国家法律，对权力实行有效监督，把"党的自我监督"和"人民群众监督"有机结合起来，切实形成发现问题、纠正偏差的有效机制。同时，坚持党的权力、党的目的唯一性，就是全心全意为人民服务，并且坚决用制度、法律来保证实现这个根本宗旨。除此以外，共产党没有任何个人和组织权利。中国共产党与西方政党的根本区别就在于，中国共产党不是个人主义政党，而是中国人民的先锋队。如果用西方政党那套民主的标准来衡量中国共产党，既不公平也不切合实际。所以，中国要实现共享发展，共产党的执政和领导是坚决不能动摇的。

第五，坚持中美关系和平、博弈、发展的原则不动摇。美国在相当长的时期内都会是世界上最发达的国家，也会是最强大的国家。中国现在是世界第二大经济体，市场前景广阔，发展潜力巨大。这两大现实决定了中美两国的关系是世界上最重要的关系。中美关系既是中美之间的关系，也关系到世界和平与发展的多重关系。所以，中美关系被称为21世纪最重要的双边关系。**美国一直在以自己强大的科技、经济、军事力量影响世界，中国也希望以自己的倡议、发展和力量造福人类。**目前看来，尽管中美之间存在竞争与博弈，但是在"和平与发展"的国际发展大局之下，彼此沟通、对话、合作是双方的共同要求，也是世界和平的重要基础与必然要求。特别是随着中美两国综合实力差距的缩小，中美在加强彼此合作的同时，更需要增进理解，扩大共识。只要中美双方坚定致力于相互尊重、增进互信、拓展合作、管控分歧，那么中美两国完全可以跨越新兴大国与守成大国必然走向对抗的所谓"修昔底德陷阱"，走出一条和平相处、合作共赢的新型大国关系之路。所以，中美关系和平、博弈、发展的原则是坚决不能动摇的。

第六，坚持人类文明协同发展的方向不动摇。人类文明从来就不是一种统一的文明，但在前所未有的互通互联等技术的推动下，不同文明之间呈现出了构建共享文明的基本趋势——一种建立在不同文明发展基础之上的，能够引领人类协同发展的高级文明形态。人类的最基本单位是个人，任何人都是独立的个体，都拥有独立的个性、心理等。而且，以个人为基础的族群、团体、国家作为人类社会发展的一种组织形式，在相当长的时期内仍然存在，不同文明所依存的社会基础还会发展，人类也就不可能形成一种文明。当然，不同文明发展也不可能不去寻找协同发展的方向，如果只追求不同文明之间的竞争性发展，那么世界有可能再一次陷入20世纪那种放任竞争、没有极限、无度发展的局面，其结果只会把世界带入生态恶化的危险境地。所以，中国发展、世界发展都必然要毫不动摇地坚持人类文明协同发展的方向。人类很复杂，同一是不可能的，也没有必要，而协同发展是有可能的，也是可以实现的。因此，一要坚持人类主义原则，始终把人类作为一个整体，不容分割，特别是在处理发展问题时，更要突出人类主义。二是在坚持不同文明多元化、多样化发展的同时，寻求不同文明之间的共同价值，发展共同价值，在共同价值的基础上构建人类文明共同体，进而构建人类命运共同体。三是坚持以人类发展为目标，坚持文明只有先后之分，而没有高低贵贱之别的理念，平等地对待不同文明，促进不同文明相互交流、相互融合，让不同文明协同发展，共同推动人类社会共享发展、共享进步。

同时，我们还要坚持高度重视互联网时代的年轻人。年轻人是未来，也是希望。任何时候，年轻人都是时代发展的重要力量。社会变革与转型时期，年轻人的目标选择与追求方式直接影响着社会未来的发展与方向。当今时代，国际交流、互联网影响日益常态化、深度化，年轻人已经是开放的一代、融合的一代。特别是在对国际政治、经济、军事、文化、社会等进行了比较之后，他们已经成为最有自主价值观的社会新生代群体，谁拥有了年轻人，谁就拥有了未来。1900年2月10日，梁启超先生就在《少年中国说》中厉声呐喊道："少年智则国智，少年富则国富，少年强则国强，少年独立则国独立，少年自由则国自由，少年进步则国进步，少年胜于欧洲，则国胜于欧洲，少年雄于地球，则国雄于地球。"一个多世纪之后的今天，互联网逐渐改变了人们的生活方式，尤其是年轻人的思考方式、生活方式乃至人生方式。我们更应该把握年轻人的所思所想，既要让年轻人看到日趋简单化的生活方式，也要引导年轻人认识世界的复杂性、多元性与多样性；既要让年轻人认识到权利、自由、快乐的价值，也要让他们理解义务、责任与使命的重要性。现在看来，如何融入年轻人的生活、引导年轻人的思想、引领年轻人的未来，已经是今天这个互联网时代十分重要的一个使命。这一点尤其需要我们站在现实与未来的高度上认真加以认识与把握。任何轻视和忽视年轻人的现实思想与未来追求，都必须警惕。同时，还必须始终保持清醒的是，国际社会也面临着如何引导年轻人的问题。年轻人属于民族、国家，也属于世界，更属于人类的未来。我们既要重视东西方年轻人的不同特点、不同文化背景和不同社会、政治、经济制度对年轻人的重大影响力，也要看到他们日益相近的东西，比如对共享经济、共享空间等的向往，扩大东西方年轻人之间的交流，为人类共享发展的未来作出新的努力。

对此我的一个基本结论是，中国自古以来就是一个文明国家，在漫长的文明发展过程中又形成了一套不断完善的"以柔克刚""上善若水"的文明发展理念与道路，中国文明因为这种开放、包容而丰富多彩，也因为这种"化成天下"的政治伦理而更加符合世界发展所追求的"和而不同"的共同价值，这一切所凝聚而成的共享文明的基本内涵与基本要素，特别是最近四十年来的改革与实践，一定能为 21 世纪全球共享发展提供新的理念、动能与实践价值。

全世界需要一次"21世纪文艺复兴运动"

思想是社会进步的发动机，文明的丰富性、多样性凝聚着思想发展的成果。所以说，思想现代化是一切现代化的基础和前提。

21世纪以来，技术、资本、服务平台等首先发力，世界被历史性地推入了共享文明的时代。为此，我们首先应当明确的是，人类已经从我们这一代开始进入一个新文明——共享文明崛起的时代。共享文明不是天外来物，它既是人类理性的要求，也是人类文明发展到今天的必然产物。历史证明，每个时代都有属于这个时代的文明。没有形成新的文明，也不会是新时代。同时，共享文明已经以不同的形式出现在人们的生活之中，人们却几乎没有察觉到。共享所需的基本物质基础、技术基础有了，平台有了，共享生活形式有了，共享理念已经在生活中崛起了，共享文明却没有跟上来，即使有，也是碎片化的、不自觉的。共享单车就是一个典型的案例。更加深刻的是，起步中的共享文明让我们进一步看到了现代科学技术与人文科学融合发展的趋势与作用，也让我们看到了两者之间所面临的严峻挑战。过去的一百多年间，由于全球不断推出新技术和新产品，人们的生活品质发生了前所未有的转变。随着虚拟现实、人工智能、3D打印、神经元计算机芯片、纳米技术、机器人技术、基因编辑等超凡新技术，以及未来更多新技术的出现，科技发展前景一片光明。但是，人类反思20世纪以来的发展，其中一个深刻的警醒是，科学技术发展应当特别注重与人文科学发展相结合，注重科学与哲学的关系，注重人类生活与人类价值的关系，这才会是人类发展的福音。德国社会学家乌尔里希·贝克认为，当代社会是一个"风险社会"，因为人类掌握数量越来越多、功能越来越强的可以改变世界的技术手段，但人类驾驭自己欲望和情感的德性却似乎没有相应的提升。[①] 我认为，"风险社会"的本质是人没有管控好人类自身的风险。人类对世界的改造所产生的变化，再加上不同的人、不同的群体间相互矛盾的利益追求，人类已经陷入越来越多的不确定性之中，特别是人类推动的科学技术，既打开了一片新生活的时空，又把人类带入内外交困的两难发展之中，人类的远景是祸是福，似乎越来越难以判定。

同时，人类需要尽可能达成更加广泛共识的是，共享文明一系列要素基准点的核心是共享。共享既是个人的选择，也是社会的选择。**共享需要科学精神与哲学精神。人类发展的最高价值是人与自然的和谐发展，是人与自然的共享。人在自然中有位置，自然也不能毁在人的群体发展中，其本质就是达成更广泛的共享。然而，共享毕竟又是人类的选择。共享需要经济与社会的协同和可持续发展，所以如何在共享中保持和激发人的激情也是一个重要问题。**人的激情来源于内心的欲望与超越感。一味沉溺于物欲是荒谬的，也是痛苦的。物欲能够带来一些快乐，但那些快乐很快会消失。如何把人从物欲中解脱和拯救出来是人自己的事，也是社会的事。只是如果这一切都是因为付出了共享而得到了安慰与满足，人们还会去创造新的共享，比如创造新的财富、寻求新的满足感吗？人的生命需要一种不断的满足感，当然，这一切不可能都是正当或者正确的，但以人类整体发展为目的的满足感不断得到满足，才会是一件十分美好的事。那么，我们要怎么办呢？这时候最需要的是，能够让思想穿过物欲，让人通过共享看到人的本质和人类社会发展的本质。**共享不是奴役人，而是使人获得更好的自由与自由发展。共享不是侵占、压抑个人的自由，而是更好地协同与创新整体价值，让个人更好地享有个性自由与自主发展。**只有这样，人类才可能创造可持续发展的共享，让共享文

---

① 乌尔里希·贝克：《风险社会》，何博译，译林出版社2004年版。乌尔里希·贝克将后现代社会诠释为"风险社会"，其主要特征在于：人类面临着威胁其生存的由社会所制造的风险。我们身处其中的社会充斥着组织化不负责任的态度，尤其是风险的制造者以风险牺牲品为代价来保护自己的利益。

明得以永续发展。

那么，如何迎接共享文明，如何应对共享文明将面临的挑战呢？这就迫切需要人们接受更加深刻的哲学洗礼。哲学革命是社会改革的前导，哲学发展走在技术创新前面，社会变革的风险程度就可能会减少。**人类经济社会发展在重大转型时期往往返身回望人类遥远的童年，特别是古代文明所蕴含的人文精神与终极价值，比如西方人常常回望古罗马、古希腊文明，中国人总是回望春秋战国时期的古典文明。**因为人们需要在一个急剧变化的现代世界中定位自己，而最好的方法就是回到传统，回到传统文化，在一种开放的思辨中考量传统跟现代与当下的关系。这时候，人类早期朴素的哲学思考更显得精简而准确。纵观历史，传统文明有不同的存在与创造性转化方式，这些方式主要有三种：一是文明借由文化典章与文明遗存而存在；二是文明在一定程度上决定或影响人们的信仰、意识和道德基因；三是文明以多元、多样的方式活跃在人们的现实生活之中。所以，回望古代文明的通道始终是丰富而畅通的。

英国学者埃里克·霍布斯鲍姆在他的著作《工业与帝国》中认为，英国之所以率先走上工业化道路，除了自然地理条件外，还因为有经济、社会和政治条件。而且，所有这些要素彼此关联、相互促进，至少积累了两个世纪的发展基础。由此，他强调说："没有其他哪个国家像英国这样为工业革命做好了充分准备。"所以，英国的现代化并不是许多人所认为的那样，是一个"在放任自流中走向成功的典范"。这说明了一个什么问题呢？我认为，**人类文明是需要回味的，越回味越能把握时代的变化及其特征，越能找到人的本质要求，越能找到前方的路。**对此我认为，全世界需要一次以共享为核心的"21世纪文艺复兴运动"，让共享真正成为全球的共同价值与共同追求。从14世纪到16世纪中叶，欧洲文艺复兴最重要的贡献之一就是"人"的发现，它重新定义了人性、人道。当时有很多重要的思想家提出"德行战胜命运"的概念——命运是可以战胜的，这跟中世纪宗教对于人的命运的设定完全不一样。也就是说，西方发达国家关于"人"的现代化的实现正是从文艺复兴时期开始的，那时对人、人性、德性、修养和精神世界等很多问题展开了讨论，为"人"的现代化开拓了道路。21世纪初兴起的全球性发展变革与转型及其复杂的博弈、斗争，从根本上说是人类最近一千多年来最广泛、最深刻的技术变革、思想变革与社会变革的集中表达，只有回到人本身、回到文化源头、回到社会本质，追问人性、文化与社会的真正价值，才有可能不偏离人类发展的根本方向与目的。

我们知道，以人为本的人文精神是中国文化最根本的精神，也是一个最重要的特征。**中国社会是一个以人情为重要特征的社会。这就决定了中国是一个有爱、重爱、施爱、大爱的社会。人情是中国最重要、最突出的民族性。中国文明早熟性的一个重要特征就是认识到人与人情的重要性。人是文明的主体，人与人之间的关系是文明的重要本质。周代的以礼仪制度为核心的典章制度所体现的本质就是人与人之间的关系。**以此为基础，中国家庭、社会秩序的维护就更强调人的道德自觉与自律，不仅强调一般意义上的道德认同与伦理规范，而且更强调实质意义上的道德认同与伦理规范。中国的传统文化又强调人的主体性、独立性、能动性。以人为本的中国文化是中华民族对人类的一项重要贡献，在现代人的现代观念中，现在的人本主义是西方的产物，而根本不知道它原来是中国文化的本土特产。中国文化中的以人为本强调人的自我管理，是向内的管住自己，不仅要管住感官，更要管住心。人只有管住自己的心才能管住自己的行为。**管理的方法主要有两个方面：一是源于内心的道德理念与要求；二是一定的社会习俗、社会制度等外在的规范。**内修外化就构成了中国最传统、最经典的道德规范与社会规范的统一要求与目标。

近代西方文化所倡导的人本主义思想与中国传统文化所倡导的人本主义思想有着密切的联系。中国自西周以来就确立了以人为本的文化精神，而西方在公元 1 世纪以后确立的是以神为本的文化，基督教就是西方文化的精神核心之一，西方直至欧洲启蒙运动时期才高举人本主义的旗帜，思想家们启发人不要做神的奴隶，而要做人自己。启蒙运动的思想来源是古希腊的罗马文化，而更重要的来源是 16 世纪以后通过西方传教士从中国带回去的以人为本的文化精神。他们用中国的人本思想去批判欧洲中世纪以来的以神为本的文化，高扬人类理性的独立自主，把中国看成是最理想的社会，从某种程度上讲，欧洲的人本主义是从中国传过去的，深受中国文化的影响。比如，来自欧洲的罗明坚、利玛窦和龙华民等一大批传教士，将朱子的《四书集注》和《性理大全》等著作译成外文，从17世纪末开始，欧洲形成了100多年的"中国文化热"。这时期，欧洲的孟德斯鸠、伏尔泰和莱布尼茨等启蒙思想家，在深入接触和研究朱子学的过程中受到了启蒙。如马勒伯朗士从"偶因论"的哲学观点出发，写下中西比较哲学史上的一篇名作——《一个基督教哲学家和一个中国哲学家的对话——论上帝的存在与本性》。这展示了朱子学与欧洲启蒙思想之间的互动。朱子学作为一种中国文化，因其有人类共同价值与进步因素，为启蒙运动所借鉴吸收。欧洲启蒙思想家对朱子学的阐释，也为近代欧洲哲学的开创提供了一定的思想资源。从近古中西哲学的发展来看，朱子学与康德、黑格尔的哲学建构有着相似之处。如朱熹与康德哲学中的"天理"与"物自体"，"物理"与"伦理""至善"概念的比较分析，朱熹本体论的构建与康德认识论的完成等，都表明东西方两种不同哲学有着相似的思维方式。可见，包括朱子学在内的中国文化对西方文明的塑造及形成发挥过积极的作用。正如国际儒学联合会会长滕文生所说："总起来看，在中国明末清初进行的中欧思想文化交流对中国和欧洲都产生了重要影响。对于欧洲来说，随着'中学'西传，出现了从17世纪末到18世纪末整整一个世纪的'中国热'。这一文化现象，不仅表现在欧洲人对中国物质产品的钦慕和追求上，更重要的是表现在他们对中国思想文化的学习和借鉴上。"[①] 这个总结客观地揭示了近代中欧文化交流的一个本质特征。

而且，这一系列典型的文化交流、互鉴的历史所蕴含的中国的共享基因、共享历史与共享追求，为全球推动以共享为核心的"21世纪文艺复兴"提供了理念与经验。所以，**我的基本观点是，全球化的共享诉求将促进人们直面相互割裂、相互阻碍的现实，而追求共商、共建、共享的发展未来。**20世纪以来的全球化有它的先天不足。由于没有一个全球性的单一市场，商品、服务、资金、人员必须在不同的主权国家之间跨境流动。主权国家之间进行的这种全球化缺少有效的、全球性的政策沟通，也缺少有效的、全球性的公共产品。这是制约全球化进一步发展的两大短板。如果是一个国家的国内市场，

---

① 滕文生:《儒学文化的特征与前途》,《人民日报》2016年2月18日。

这两点都不是问题。但对于碎片化、相对割裂的全球市场来说，这一切就成了大问题。

第一，人们更需要以人类为整体来思考、解决人类社会和人类文明发展中的问题。习近平曾经明确指出："互联网真正让世界变成了地球村，让国际社会越来越成为你中有我、我中有你的命运共同体。"[①] 过去，以儒家学说为核心构建的东方文化相当看重集体主义，特别强调的一个原则是，有国才有家，有家才有我；西方文化则相对看重个人主义，强调的原则是，有我才有家，有家才有人。今天，人类发展的原则应当调整为，有人类才有国，有国才有家，有家才有我。过去，我、家、国与人类的关系是垂直型的，现在这四者的关系要调整为一种平面关系了。人类发展与科学发展有一致性，也有特殊性。人类更需要的是整体的价值，有的东西可以细分，有的还可以长期细分，有的则需要坚持整体性和整体价值才有利于人类的现实与未来。科学则追求无限细分，越细分越能发现事物的结构及组织关系。如果一味地把科学所利于物的方法用于人类社会，带来的可能是无尽的困惑，甚至是灾难。

第二，人们更需要以文化、文明为立足点，放眼人类与世界，以此来寻找解决问题的落脚点与出发点。人类在长期的发展过程中，不同地区、不同人群、不同国家形成了不同的文化与文明。也就是说文化与文明都是多元发展的，是百花齐放的。而且东西方文化与文明在历史上都产生了重要的作用，比如西方个人主义为推动科技创新产生了更加积极的作用，东方集体主义对人类追求共同发展、共同利益提供了丰富的经验。又比如西方的资本发展观、东方的多数人主义等都是人类文明的重大主题与宝贵价值。今天，人类面对人的精神状态与物理状态更加分离的危机，以及人与人的创造物之间的博弈日趋紧张的现状，应当从文化、文明上寻找解决的思路与办法。我认为，人们应当调整自己的价值观与责任感，以共享文明为目标，建立人类文明共同体，让人的灵魂与肉体结合起来、让人与人的创造物协同起来，共同创造一个属于全人类今天与未来、美好与幸福的大千世界。

第三，人们更需要在坚持文明多样性、多元化的基础上，构建和完善共

---

① 《习近平致首届世界互联网大会贺词》，新华网 2014 年 11 月 19 日。

同价值，推动共享文明不断发展与进步。人性包涵着共享的基本元素，或者说人性拥有共享所要求的基准点。在科学技术飞速发展、全球经济呈现出一体化的今天，需要更多地关注世界文化的多样性，其意义至少不亚于生物多样性。维护和保持这种多样性，有利于全人类的交流互鉴，有利于持续发展和共同进步。世界上任何古典文明都是多样化的。比如，古希腊文明是多样化的，既有迈锡尼雄伟的文明，也有克里特柔美的文明；中华古代文明也是多样化的，既有粗犷的北方游牧文明，也有南方精细的耕作文明。相对于那些已经灭绝或断裂的文明，中华文明延续至今依然还在蓬勃发展之中，必然拥有其文明可延续的基因，也必然具有符合人类本质的共享价值，必然会与世界各种文明一样，努力为推动共享文明不断发展与进步作出自己的贡献。

所以，全人类都要清醒地认识到共享文明崛起与发展的大趋势。特别是在全球化快速发展时期，在资本的能量几乎被刺激出来之后，在社会财富以难以想象的速度快速创造与集聚的时候，人们更要警惕的是巨大利益不共享，重大困难不分担的问题。**人们既要共享发展、共享成功、共享财富等，也要分担困难，甚至分担苦难。只共享好的，不分担坏的，那不是共享的本意。**如何实现这一切，既是政治、经济和社会制度体系建设面对的问题，也是重大的哲学问题、思想创新问题。这些发展问题，以及解决这些问题所需要的深刻思想与全面创新等都在说明，人类发展又可能进入了一个新的轴心时代，一个需要大哲学也可能出现大哲学的时代。**这种大哲学必然要立足于人类、自然、社会整体发展的要求与诉求，以全球可持续发展为视域，既要回答人类本身发展的基本问题，也要回答人类与自然、社会发展的关系问题，寻求这些关系中的价值定位、价值要求与价值规范，促进不同民族、不同区域、不同国家等形成更广大、更深刻的共享文明意识、共享文明原则、共享文明形态，以实现人类社会不断发展与进步的根本目的。**还必须看到的是，人类又到了再一次回归古代文明所蕴含的人性良善的重要关口。**古代文明中丰富而纯朴的人性良善观是人类发展的基石。回归那些人性良善不是回到人类童年的处事方式上，更不是用人类童年的行事方式处理今天的发展问题。**人们需顺应人类文明的重大转型，回到古代文明、借鉴古代文明、转化古代文明，以此促进我们更好地坚持人文治理、价值观治理，也就是说以共享目标作为工具、作为手段，开展综合治理，用共享作为引领来推动共享。既重视资本规则、重视市场规则，又要注重反思、反省与合理的、合乎规律的妥协。同时要认识到的是，任何新事物都需要坚定的引领者与建设者。而且，基于人性的基本要求和人类的共同价值，中国传统文明中的共享基因必将在 21 世纪人类文明发展中发挥引领作用。

面对 21 世纪全球政治、经济、科技、文化、社会的深刻变局与加速变革，特别是人类思想观念、精神追求与价值取向的共享发展趋势，我们要能更好地处理现代社会发展所面临的多数人与少数人、公平和效率、资本和劳动、技术和就业的矛盾，更好地解决产业升级与新兴产业发展、知识和技能进步、科学与人文博弈所带来的挑战，促进社会收入分配更加公平、合理等，推动全球更好地迈向共享发展的道路。我的一个基本结论是，**20 年至 50 年后的中国和世界将可能呈现出的形式多样的共享文明形态，才是中国共享发展所追求的现实目标与历史使命，才是全球共享发展所追求的现实形态与未来走向。**

2017 年 7 月 8 日初稿
2017 年 9 月 30 日定稿
于北京西总布胡同

追　寻

易思来

2008 年春天，在我出国留学之前，父亲与他的一位好友发起成立了华民慈善基金会，正式开启了他对人类共同发展与未来命运的探索之路。他终归听从了自己内心的声音，满腔热情地将自己的社会梦想一步步地付诸实践，并毫不犹豫地把我也"拉下水"。

说实话，一开始我对于公益慈善并不十分理解，选择这个行业，有对该行业的好奇和憧憬，更多的则是由于父亲的"圈套"。在留学前夕，父亲就选取什么专业跟我有过一次比较正式的谈话。当时他问我："究竟是挣钱容易，还是花钱容易？"我回答："当然是花钱容易啦！"他笑了笑说："不见得吧！要不，你去学一个如何花好钱的专业吧！"我听了觉得蛮有趣，便同意了，于是懵懵懂懂地踏上了赴美留学之路，先后攻读了"非营利管理"和"社会工作"两个硕士学位。

与此同时，颇为奇妙的，父亲于我而言，才算真正意义上"开启"了他"为人父"的角色。要知道，曾经的我对父亲的印象是较模糊的。他一直非常忙碌，很少待在家里，即使节假日也难得见到人影。在我的记忆中，极少有他辅导我写作业、开家长会、带我外出游玩，哪怕是发火训斥我的画面。所幸我是个心大的姑娘，倒也没有太多抱怨，只是难免为母亲打抱不平，毕竟整个家几乎都是她一个人忙前忙后地在打理。那时的我不知道父亲究竟在忙些什么，尽管如此，我确信他是一个对自己所热爱的事业无比执着而专注的人。

到美国以后，父亲与我的交流反倒多了起来。但父亲很少跟我谈及家长里短的琐事，所谈内容通常围绕着"慈善与社会进步""社会保障与未来"一类"高瞻远瞩"的话题。由一开始的不大习惯到受他潜移默化地影响，直至令我乐在其中，我逐步地意识到这是父亲"疼爱"我的独特方式。对于我初到美国感到的诸多不适应，父亲指出这只不过是不同文化激荡和碰撞带来的正常现象，并引导我主动对比中美两国文化的差异：一方面，以一个中国人的眼光来观察美国社会；另一方面，以美国的逻辑、模式和方法，特别是以所学的专业知识回看中国。于是，我渐渐领会了其中的涵义：以美国为代表的基督文化有原罪论的说法，而中国传统则有性善论的观念。不管是原罪论还是性善论，灵魂最深处的求善本性都是一样的。而慈善是最直接、最悠久的求善方法和途径，也是文化交流借鉴的最好通道。我想，这应该就是父亲提出的"慈善是可以统一世界的"观点所要表达的意思吧。慈善是最纯粹的文化纽带，所维系的是人类共同的社会理想和精神追求。这也正是父亲在他书中想要传递出来的一个重要信息——慈善，特别是21世纪慈善是世界各国共同面对当前和未来挑战的重要视角和途径。"全世界慈善人联合起来"，这超越了国度、民族、阶级、信仰乃至生命和时空，这才是真正的文化交流与灵魂洗礼。父亲的书不仅让我有了这些思考，更让我了解了父亲和父亲的所爱，也让我加深了对父亲所爱的爱。

在国外留学期间，我亲眼目睹了父亲是怎样一步步与西方的各个大学、基金会、慈善家族等机构建立起种种联系，并将他的理念带向全世界的。只有为数不多的国际杰出人物才会出现在哈佛大学肯尼迪政府管理学院的讲台上，而今我却在此听到了父亲慷慨激昂地大声疾呼"超越左右，走向共享"；在洛克菲勒波坎蒂克庄园，他与洛克菲勒家族成员废寝忘食地探讨家族基金会和家族传承的价值；在福特基金会为父亲举办的专场演讲会上，他向来自全美及其他国家、地区一百多家有影响的智库负责人意气风发地宣讲中华文化对全球慈善和人类发展的影响与贡献；在夏威夷东西方中心，父亲滔滔不绝地畅谈东西方文明的转型、融合与超越，以及如何建立起东西方共同认同的共享文明与 21 世纪慈善。每一回听父亲用他那带着浓重湖南口音的普通话向世界发出来自东方的声音时，台下的我都难以抑制内心的激动与震撼。他就站在前方，洋洋洒洒地为人类描绘未来蓝图，而身为女儿的我，除了心中油然而生的敬意与感动，还有止不住的崇拜与折服。这种迫切期待能跟上父亲步伐的感觉如此熟悉，我仿佛一次次回到了儿时蹒跚学步的场景：父亲总是走在我正前方，不会过来扶起跌倒了号啕大哭的我，不会多言一句鼓励夸奖我的话，甚至不会扭过头来与我目光交汇。他只是刻意放缓自己的动作以作示范，在我的前方走走停停，却永远不会脱离我的视线。原来他一直试图在用自己的方式教会我如何坚定地迈出下一步，走上我本就该走的路。

有人说：有崇高追求的人永远是单纯的。细细思来，的确如此。父亲是富有智慧的人，却始终保持着一颗单纯而善良的心。他对他所热爱的事业充满童真，冲动又纯粹；遇到了挫折，却又有着超乎寻常的乐观和坚韧。父亲很少反对或批评别人，也很少发脾气。正如他所说，慈善人应该是包容、开放和豁达的。对公益慈善和社会发展问题的关注、思考和实践，已经成为父亲工作、生活和思维的绝大部分，融入了他的生命之中，无法割舍。他对中国慈善事业发展的期待和执着，几乎到了痴迷的程度，同时他也循循善诱地领我走进了公益慈善的广阔天地，没有丝毫的勉强。他相信自己的选择，更从未怀疑过我的坚定。

父亲认为，"富二代"应成为"善二代"。现在我成了中国公益界许多人眼中"善二代"的一个代表，这使我深感压力与动力。父亲曾经说过，要打破"富不过三代"的历史魔咒，我想他的方法就是要推动一代又一代的富人们自觉参与共享事业。在我看来，继承的财富，可以是物质上的，也可以是精神上的。而我有权利也有责任全力以赴地传承父亲的理想和事业，并把它发扬光大。很庆幸也很感恩自己做了这样的选择，我会一直紧随父亲的脚步昂首前行并努力超越，义无反顾。

父亲深爱着自己的祖国和这个世界，他的思考是开放的且注重身体力行。他一直试图为人类未来命运的发展找寻到更加可行的路径，为此他孜孜不倦地贡献着自己的认知与体会，并把慈善当成毕生事业。我有幸站在父亲的肩上，追随着他注视的方向与他一起仰望星空。作为女儿，我只想对父亲说：您坚定不移地探求并迈向人类共享文明协同发展的方向，而我也会永远站在您一回头就可以看见的地方。

父亲的"资本与共享三部曲"英文版出版之际，我同父亲就其三部曲的内容又进行了一次交流。我将我的回想、体会与追随写了下来。父亲很看重这次交流，希望把以上小文作为三部曲的小序。我欣然从命，但愿此文可以当作我学习父亲理念、追寻父亲足迹的一份答卷，为我的漫漫公益慈善之路开启一段新的里程。同时，我真诚地向读者共享我的感悟。

2017 年 8 月 5 日

于北京

名词索引

制度博弈　　　　　　　　　　新概念

资本与多数人　　　　　　　　共享

马克思　　　　　　　　　　　共享文明

习近平　　　　　　　　　　　不同文化

改革　　　　　　　　　　　　不同文明

资本主义　　　　　　　　　　多元性

社会主义　　　　　　　　　　多样性

中国特色社会主义思想体系　　超文明

世界和平发展　　　　　　　　基因

局部动荡　　　　　　　　　　以往文明

经济全球化　　　　　　　　　《周易》

不确定性　　　　　　　　　　文明新维度

主导世界　　　　　　　　　　柏拉图

阿·汤因比　　　　　　　　　农业、牧业——自给文明

塞缪尔·亨廷顿　　　　　　　工业、商业——贸易文明

大趋势　　　　　　　　　　　资本、技术——级差文明

突围　　　　　　　　　　　　经济、科学——共享文明

政治经济基础　　　　　　　　人类化石

发展的时空　　　　　　　　　东方文化

互联网与技术结合　　　　　　西方文化

赫拉利　　　　　　　　　　　老子

《未来简史》　　　　　　　　《道德经》

未来已经来临　　　　　　　　赫拉克利特

走向共享　　　　　　　　　　《残篇》

黄金时代　　　　　　　　　　"逻各斯"

　　　　　　　　　　　　　　道

第二章

　　　　　　　　　　　　　　最高一层台阶

融合　　　　　　　　　　　　狄更斯

发展谱系　　　　　　　　　　《双城记》

苏格兰奥克尼岛

共识、共治、共享

社会公共资源

公共制度

共享国际形态

德谟克利特

马克思

恩格斯

"共产国际"

国际发展形态与格局

共享政治体系

共享经济体系

共享文化体系

共享生态体系

核心价值体系

法治体系

社会管理体系

社会创造体系

第六章

中国方案

全球共享

中国创世神话

共享起源

自我生命转化

盘古

女娲

上帝

子民

契约

"大一统"

"天人合一"

"人天合一"

中华民族

共享实践

共享经验

《齐民要术》

开放国家

开放文化

思想家、哲学家的哀伤

第四大文明高峰

中国共享文明

雄安新区

国内共享一翼

"一带一路"

国际共享一翼

农业、农民和农村发展

中国企业家

唐凯麟

历史责任

社会精英与精英文化

70% 归劳动者分配

30% 按资本分配

"六个不动摇"

网络时代的年轻人

社会主义法治国家

"修昔底德陷阱"

不同文明协同

附 录

21 世纪慈善与人类命运共同体

——在"2016 年夏威夷东西方慈善论坛"上的演讲①
（2016 年 1 月 8 日）

尊敬的主持人，尊敬的来自东西方的慈善家们：

大家中午好！

我多次参加东西方慈善论坛的活动，通过东西方慈善论坛这个高端平台，学到了许多好的东西。华民慈善基金会的几个国际合作项目和我对慈善理论的几个重要认识都与东西方慈善论坛有关。今天，我发言的题目是《21 世纪慈善与人类命运共同体》。通过这个发言，我想与大家分享三个方面的新认识：（1）什么是人类命运共同体？（2）用什么工具来构建人类命运共同体？（3）21 世纪慈善是构建人类命运共同体的重要途径。

一、什么是人类命运共同体

慈善家是人类文明进步的使者。慈善家的胸怀是最宽广的，就像夏威夷外的太平洋一样宽广。慈善家关心的是人类社会的现实命运与未来发展。人

---

① 本文是专为"2016 年夏威夷东西方慈善论坛"上的专题演讲起草的文稿，后因公务未能参加会议，作为书面发言提交会议。感谢会议将文稿作为会议材料向会议作了报告。

类社会发展到今天，现在已经是谁也离不开谁了。东方人离不开西方人，西方人也离不开东方人；南方人离不开北方人，北方人也离不开南方人。大家已经成为一个有机的整体。既然大家相互依存，大家就应当追求一种好的人类发展状态，一种你过得好、我也过得可以的状态，不能是你过得好、我过得不好的第二种状态，更不是你过得很好，我没办法过下去的第三种状态。如果你过得好、我过得不好，甚至你过得很好、我过不下去，结果可能就是我不好、你也不能好，我要把你拉下去，让你也过不好，大家一起都不好。这就是恐怖主义的逻辑。如果人类这样相互撕裂，结果就是谁也发展不了。

所以说，21世纪的慈善家们一定要看到，人类命运共同体就是人类社会发展中已经形成的这种你离不开我、我也离不开你的发展形态，本质上的要求就是你好、我也好，大家都要好。这种大家都要好的目标是什么呢？就是共享。当然，你好、我好，也不是一样的好，更不是一种平均的好、一种没有差别的好，而是一种存在动态差异，也需要动态差别的好。比如一个人，你能力很强，可以比我过得好一些，甚至比我过得好很多，但不能是你很好，我连基本的生存保障都没有。所以，这里的共享，本质上是一种协同共享，或者说是一种协和共享。

所以我认为，全球慈善家最理解这种共享，也最能认识到人类命运共同体的本质要求就是共享，离开了共享，就不会有人类命运共同体。人类命运共同体是人类在21世纪发展中面对的一个重大命题，也是21世纪人类社会的一个最宏大和最重要的问题。要解决这个问题，21世纪慈善应当发挥引领作用，总体方向和目标就是走向共享，既要探索共享经济、共享政治、共享社会，也要探索共享文化、共享价值等，以慈善的方式为人类社会探索出一条融合东西方文明，也超越东西方文明的新的发展道路。

二、用什么工具来构建人类命运共同体

我认为，资本和资本精神是人类社会赖以生存和发展的物质基础和精神基础，也是认识和解释人类命运共同体的一种新工具。

人类社会进入21世纪以后，世界已经进入前所未有的一个大变革、大

博弈、大发展时期。而且，中国在变，世界其他国家也在变；中国与世界的关系在变，中国与世界各国的关系也在变。在国际政治、经济、文化、价值观等都处于这样巨变的情况下，全世界都困惑了，传统的一些认识社会的工具已经不能很好地解释当代社会发展中的许多问题了。客观地说，我们如果仅仅用以往的经验与认识工具来认识社会已经不够了。世界变化太快，必须有一种新的认识工具。比如讲生产关系这个工具时，要说到生产力。生产力随着生产技术的发展，促进了文明的发展，先后出现了原始文明、游牧文明、农耕文明、商业文明、工业文明、信息文明等。

随着生产力发展水平的不断提高，人与人的关系也出现了许多重大的变化与发展。从生产关系的角度来分析，人类社会先后经历了原始社会、奴隶社会、封建社会、资本主义社会和社会主义社会。这种分析的内在逻辑也很强。不过，如果仅仅用生产方式这个工具来观察当代社会，对很多现象就不那么好解释了。比如一个人今天是亿万富翁，明天可能就是亿万"负翁"。对这些复杂的经济现象、社会现象、科技现象，如果我们仍然用传统的工具来观察的话，就很难作出一种十分恰当的判断。特别是以传统的工具来观察各种社会现象时，就可能感到更加困难了。

我们应该看到，西方更重视理性，更讲契约，物质上的发展也好一些；东方更多地重视精神，更讲道德，更有共享的思想基础。东方的这种精神价值重大，西方的这种精神潜力十分丰富。精神能够引领财富更好地发展，精神能够引导社会朝着共享的方向发展。

所以，我们应当站在21世纪的基础上，更好地认识人类社会的过去、现在和未来需要新的认识方式，也需要寻找新的认识工具。我们应当回到人类本原上去寻找这种新的认识工具。人的本原就是人类赖以生存、发展的最基本要求，就是人类社会赖以生存和发展的两大基础：一是物质基础，二是精神基础。从世界发展来说，无极生物质，物质发展到一定时期出现了人类，也就出现了人类精神与人类思想。有物质必须有思想，必须用思想引领物质，否则物质社会失去方向，就是对物质的破坏和毁灭。物质中有一种特别的物质，是财富。财富里又有一种最特殊的财富，或者说最基本的财富，就是能够不断推动人类社会进步与发展的那种最活跃的财富，那就是资本。资本就是人类社会赖以生存和发展的最基本的物质，就是能够创造新的财富的财富。有了资本也就有了与资本有关的精神，也就有了资本背后的道德精神，就有了人类赖以生存与发展所需要的最基本的精神，就是资本精神，就是资本向上的那种内在动力和道德精神。资本精神的本质就是"拼命地赚钱、拼命地省钱、拼命地为神圣的事业而花钱"，资本精神也因此成为人类社会赖以生存和发展的精神基础。

我进而认为，通过回到人类本原，我们找到了人类社会生存发展最基本的两个基础，也就是人类命运共同体的两个基本工具——一是资本；二是资本精神。资本与资本精神之间，总体上是一种互为依存、相互促进、共同发展的关系，但有时候也是分裂的、背离的，又是相互博弈的，还可能出现阶段性、周期性的博弈或对立。

对此，人类应当予以高度警惕。人类运用资本与资本精神来构建人类命运共同体，应当遵循一个本质、两个原则。一个本质就是共享主义，出发点与落脚点都是人类社会共享发展、共享未来。两个原则一是既要创造又要共享创造的创造理性，拥有这种理性才会更好地发展；二是既要有资本，又要有资本精神的天下主义，创富天下的目的是为了天下共享、人类共享。只有这样，人类才能构建一个好的未来，才能构建人类命运共同体。

三、21 世纪慈善是构建人类命运共同体的重要途径

21 世纪越来越表现为资本的无限性与资源的有限性之间的矛盾。为解决这个矛盾，构建人类命运共同体是最好的理想与目标。而且构建人类命运共同体也会在一定程度上影响未来社会建设与发展。未来社会就是建立在资本与资本精神基础上，以共享为目标的发展型、开放型、包容型社会，这种社会形态包括共享社会体制、共享经济体制、共享政治体制等，这种理念运用到全球治理领域就是"多极均衡、协同共享"的治理机制与发展机制。

目前，至少可以看到三种典型的共享形态：一是共享经济，互联网、物联网上的经济活动就是最典型的共享经济；二是共享社会，现代慈善所带来的财富分配效应就是最典型的社会共享形态；三是共享政治，富强、民主、

法治、文明等就是最典型的共享政治形态。这种共享社会形态，也许比我们单纯地探索公民社会的视野要宽阔得多。

全球慈善家是最具有人类情怀的人，最能理解人类命运共同体的现实必要性与历史紧迫性。就人类命运共同体实现途径来说，21世纪全球慈善肩负着重要的使命与责任。突出表现在两个方面：第一，共享是21世纪慈善追求的一个伟大目标。核心就是要引领21世纪资本走向共享。从总体上说，资本创造的财富只有走向共享，才最有价值，才最有益于人类社会的发展。这也就是说，慈善就是共享。共享是21世纪慈善的旗帜和最重大的使命。第二，全世界的慈善家要联合起来，更好地行动起来，为21世纪人类发展探索共享发展的道路。全世界的慈善家一定要联合起来，大家的爱心是一样的，大家的善良是一样的，大家的目标也是一致的。有了这种共同善的基础，还需要相互协作、相互补充、相互监督、相互推动、相互促进发展。不仅内部需要协作，外部也需要协作。比如，全球慈善家要旗帜鲜明地反对恐怖主义、反对战争，不能让政治家、军事家们先把世界搞乱了，慈善家再去做慈善。慈善家应当把工作做到政治家、军事家的前面去，发挥人类善的力量去反对战争、制止战争，推动人类社会共同走向和平与发展。

夏威夷是一个美丽的地方，是一个曾经影响了世界发展的地方，又是一个世界不同文化融合得很好的地方。全球慈善家每年聚集到这里讨论全球慈善发展，追求的也应当是世界价值与世界意义。

200年前，德国诗人、思想家歌德就说过："了解自身与他人的人，才深知东西方之不可分。"21世纪慈善是一种非常好的理念。21世纪的全球慈善家们一定能够融入21世纪世界的大变革、大博弈、大发展中，一定能够把东西方那些好的东西融合起来，比如把中国文化传承下来的仁爱、大同、中庸等与西方文化传承下来的博爱、平等、公平、正义等融合起来，通过共享把人类最美好的理想与追求连接起来，通过慈善把社会财富调动起来，把大家的智慧聚集起来，一定能为21世纪构建人类命运共同体贡献全球慈善家的力量。这是人类发展的好声音，也是面向全球慈善家的好声音。为此，我们祝福全球慈善家！祝福21世纪人类社会美好的发展！

走向共享——人类文明发展的共同归宿

——答湖南日报记者问 ①

（2016 年 3 月 20 日）

　　人类赖以生存发展的最基础物质是资本吗？在资本的深处，是否存在野蛮扩张和道德追求的永恒博弈？共享是资本精神的最高境界？共享是人类文明发展的共同归宿？2016 年 1 月最新出版的《资本精神——人类文明协同发展的力量》及一年前出版的《走向共享》《让资本走向共享》等理论著作对上述一些问题做了深入的思考和深刻的解读、回答。前不久，在"湖南日报"等单位为《资本精神——人类文明协同发展的力量》一书举办的首发仪式上，记者就此采访了该书作者——哲学博士、华民慈善基金会理事长、弘康人寿保险股份有限公司董事长卢德之。

一、共享是人与人之间以及人与自然之间追求共同发展的过程，具有相对性、平等性、持续性、层次性

　　《湖南日报》：您在多本专著中都认为，共享是人类文明的一个重要起点，而且已经成为当今世界经济社会发展的重要趋势。那么，怎么理解共享？怎样把握共享的特征？

---

　　① 本文系接受湖南日报社记者奉清清专访的答记者问，原载《湖南日报》2016 年 3 月 20 日理论专版。

卢德之：中华文化在世界文化中是最具有共享理论与实践的文化。我们研究共享，意义重大。

我认为，共享是人与人之间以及人与自然之间追求共同发展的过程，这就决定了共享的内容必然是全面的。从属性上看，共享离不开两个东西：一个是物质的，一个是精神的。物质是一个哲学概念，通常我们讲的更多的是财富。这里所说的财富，不能简单地理解为金钱。它既包括狭义的财富，即货币及各类可以货币化的资产，也包括不进行交易买卖的空气、水和阳光等自然资源。精神层面的共享，比如宗教、教育、音乐、绘画、文学等，诉诸人的心灵，使人获得生活的幸福与快乐。显然，共享的内容是一个丰富的体系，包括了人类生活与生存发展的全部需要与追求，以及人与自然、社会的关系。

那么，共享具有哪些基本特征呢？我认为，主要有四大特征。

一是相对性。从实践上说，我们追求的一种共享目标实现了，还必须迎接新的共享目标。人类社会就是在不断追求共享、追求发展的过程中实现自身发展的。所以，共享不是绝对的，而是相对的。一个共享目标实现了，就会有新的目标产生。这样不断超越、不断前进，才能实现不断进步与发展。

二是平等性。共享结果是会有差异的，但参与共享的主体，不管是个人还是群体，或是国家，都应该平等，有平等的资格和机会。同时，平等性又可以引申出正当性，即共享不能损害其他人的正当权益。套用一个经济学术语，就是共享的"外部效应"是正的，不是负的。官员的集体腐败或者不法分子共同犯罪，都属于共同分赃，不是共享。

三是持续性。不能今天共享了，明天就没法共享下去了，缺少一种持续发展的内在动力，人们对未来没有一种更高需求、更高追求，社会就会失去活力。所以，共享一定是可持续发展的，一定要有内在的动力，能推动共享不断向着更高的层次发展。同时，人类社会必须通过不断提高共享质量来发展自己。人类共享层次不断提高的过程，就是人类社会由低级向高级不断提升的过程。

四是层次性。共享有个人间的共享，有个人与组织间的共享，也有组织间的共享。有一个国家或地区范围内的共享，也有国家间的共享，比如中美之间的共享。还有全人类的共享，比如保护环境、反对核武器、消除贫困等，则都是人类社会共同面临的问题，解决这些问题需要全人类共同努力；解决这些问题以后，获得的成果也应该由全人类来共享。同时，不同的国家或民族间的共享也是有差异的、有层次的；国内的共享与国际间的共享也是不一样的。

二、资本与道德总是处在博弈之中，对人类历史发展变化产生深刻的影响

《湖南日报》：现代经济社会发展更加离不开资本。正如您在《资本精神》中所说的，资本与德行之间互为依存、永恒博弈，促进人类不断发展与进步。可以这样理解吗？

卢德之：我认为，人类历史发展有两个重要的因素常常被人们轻视了。一是资本贯穿着人类发展的全过程，无论过去、现在和未来都如此；二是人类的道德价值一直在引导和规范着人们的各种选择。而且，资本与道德总是处在博弈之中，这种博弈又是无处不在、无时不有的，无时不处于运动状态，所以，这种博弈自然会对人类历史发展变化产生深刻的影响。

也就是说，不断丰富的物质财富总是以不同的方式满足着人们日益丰富的现实生活。同时，人们对道德的追求同样没有停止过，对生活价值的追求也从来没有停止过，对美好社会的追求也从来没有停止过。正是这一切构成了资本与道德的博弈，而且是一种永恒的博弈，在一定意义上共同形成的综合力量，促进着人类社会不断向前发展。

所以，弗兰西斯·福山在二十多年前提出"历史终结论"之后，2012年又发表了《历史的未来》一文，尽管他没有说这是对以前观点的修正，但他有了另一个更加明确的观点。他认为，最近30年来放松管制的金融资本主义已经走到了尽头，欧洲社会民主主义及福利制度也已经疲态毕露。为此，他呼吁人们拿出一套新方法，既不同于自由主义的"全能市场和小政府"的主张，也不同于社会民主主义的"以国家提供养老、医疗和教育等大量服务为核心"的主张。尽管这样，人们必须继续往前走，不能停留。这倒让我想起了美国对外政策焦点研究所副所长约翰·费弗先生所说的话：资本主义已经

深陷危机之中，世界需要出现一位"现代马克思"。这句话的背后意义是什么呢？就是资本主义必须接受最严肃的批判。

三、"人类命运共同体"，是中华民族心忧天下博大胸怀的张扬，是对世界不同文明协同发展提出的重大发展原则

《湖南日报》： 时至今日，不同文明之间的冲突似乎愈演愈烈，对资源的掠夺几近无以复加，解读资本精神，似乎陷入了语境困难。现在，资本超越种族、地域、国界流动于全球，成为最大的"物质"。习近平总书记2015年提出的"人类命运共同体"理念，应该说是正当其时。从您讨论的不同文明协同发展上分析，这是中华民族心忧天下博大胸怀的张扬，也是对人类文明发展的一种推动与贡献吗？

卢德之： 2015年9月28日，习近平主席在第70届联合国大会一般性辩论上首次阐述了"人类命运共同体"的理念。近年来，习近平主席已经上百次谈到"命运共同体"。正如你所说，这是中华民族心忧天下博大胸怀的张扬，也是对人类文明发展的一种推动与贡献，是中华传统文明的现实发展，是当代中国对世界不同文明协同发展提出的一个重大发展原则。

所以，2016年1月8日，我在美国夏威夷举行的"东西方慈善论坛"上就"人类命运共同体"理念交流了看法。我认为，人类社会发展到今天，谁也离不开谁了。东方人离不开西方人，西方人也离不开东方人，大家成为一个有机的整体了。既然如此，大家就应当追求一种好的人类发展状态，一种你过得好、我也过得可以的状态；不能是你过得好、我过得不好的第二种状态；更不是你过得很好，我没办法过下去的第三种状态。如果你过得好、我过得不好，甚至你过得很好，我过不下去，结果可能就是我不好、你也不能好，我要把你拉下去，让你也过不好，大家一起都不好。这就是恐怖主义的逻辑。如果人类这样相互撕裂，结果就是谁也发展不了。为此，我们一定要看到，人类命运共同体就是人类社会发展中已经形成的这种你离不开我、我也离不开你的发展形态，本质上的要求就是你好、我也好，大家都要好。这种大家都要好的目标是什么呢？就是共享。当然，你好、我好，也不是一样

的好，而是一种存在动态差异，也需要动态差别的好。所以，这里的共享，本质上是一种协同共享，或者说是一种协和共享。如果人类命运共同体在本质上离开了共享，就不会是人类命运共同体。从这个意义上说，人类命运共同体是人类在 21 世纪发展中面对的一个重大命题，也是 21 世纪人类社会发展的一个最宏大和最重要的问题。

四、"慈善是打开社会现代化大门的一把金钥匙。"共同致善，共同致富才有可能，才有意义

《湖南日报》： 您将资本精神浓缩成了两句话：让穷人变富人，让富人变好人。但是，作为个体的人，其精神世界与追求是千差万别的，离开了一定的制度设计和示范引领，"让穷人变富人，让富人变好人"何其艰难？因此，您提出"现代慈善是打开社会现代化大门的一把金钥匙"。慈善，是实现资本精神的重要路径，还是资本精神的一种重要的价值取向？

卢德之： 我曾经说过，资本精神的核心就是"让穷人变富人，让富人变好人"。我觉得，人类社会活动总是与发展和平衡有关。资本精神就具有这两个方面的作用：一是发展的动力，二是平衡的机制。发展的动力由资本的特性所决定。就是说，资本精神能够激励人们以不懈的努力去创造个人财富和社会财富，进而促进社会繁荣与发展。所谓平衡的机制，就是一个人创造的财富不仅仅是为自己享用，同时也为了一个高度认同的神圣的目的，其结果就是让更多的人共享到财富，以达到社会财富在分配上的动态均衡，以此实现社会的和谐与发展。我们强调资本精神，就是强调人们在致力于经济发展的动机时，也强调发展的目的；在强调创造财富的价值时，也强调合理分配财富的意义。当然，这两种机制都要通过一定的社会制度和体制、规范表现出来，并将社会的各个部分和各种要素组合起来，形成一个具有内在逻辑性的统一整体，进而对社会发展发挥作用，甚至规范和决定整个社会发展的方向。

人类社会在发展过程中，由于国家制度不同或者人们的阶级地位不同或者所处经济地位不同，加上资源配置方式不可能平均，就不可避免地会出现

许多矛盾与问题，诸如贫富差距、南北差距、东西差距等。怎么办呢？现在普遍使用的是三次分配法：第一次分配是劳资分配，第二次分配是财税分配，第三次分配就是现代慈善。同是分配，性质并不一样，前两次分配是强制性的，是社会发展中的、必然的制度要求，反映了现代文明的发展与进步；后一次分配则是自愿地捐赠财富，是资本精神的现代表现形式，我称之为"比尔·盖茨式的革命"。从这个意义上说，现代慈善是促进社会发展与进步的重要力量。所以，现在无论是发达国家还是发展中国家都大力推动现代慈善的发展，根本原因就在这里。现代慈善也成为了社会发展的一个助推器，甚至是打开社会现代化大门的一把金钥匙。

不仅如此，现代慈善的作用还表现在它是通过共同致善来实现共同致富的重要途径。我认为，我们要实现共同致富这个战略目标，可能要先解决一个问题，就是如何促进共同致善。只有达到共同致善，共同致富才可能得以实现。首先，一定要有一部分人先富起来。其次，如果先富起来的人不去帮助后富的人，甚至富裕以后千方百计地影响或者阻碍别人致富，这种先富就没有意义，共同富裕也就不能实现了。所以，只有达到了共同致善，共同致富才有意义。如果只讲富不讲善，是不行的；只有在讲善的同时讲富，人类社会才能更加和谐，人们的生活才能更加幸福，人的尊严才会不断得到提升。

五、人类发展的目标就是越来越走向共享，中国特色社会主义的本质就是共享

《湖南日报》：2015 年召开的十八届五中全会提出了五大发展理念，其中"共享发展"让人眼睛一亮。"共享"和马克思主义学说中人类社会最终将实现的"共产主义"是一回事吗？您研究的方向似乎与中央精神不谋而合。我想，这正是您研究资本精神和共享思想的当下意义和重大价值。

卢德之：去年党的十八届五中全会公报发表时，我正在美国的洛克菲勒庄园参加中美慈善研讨会，获知"共享发展"是我国未来建设与发展的五大发展理念之一，我非常激动。因为建设"共享发展"大厦，我做了一点增砖添瓦的事。

2012 年 9 月，我在长沙的一个全国学术论坛上作了"慈善就是共享"的演讲，第一次谈到了慈善与共享的关系。2013 年夏天，我应邀到哈佛大学作演讲，题目就是"超越左右，追求共享"。从哈佛回国后，我又应邀到中山大学作了一场演讲，题目就是"走向共享"。随后，我又受邀到新加坡、台北等地以"走向共享"为题作了各有侧重的演讲。不久，我把这些演讲整理成《走向共享》一书，2013 年秋天在北京大学出版社出版。2014 年 1 月，美国东西方中心把那个小册子译成英文，在夏威夷首届东西方慈善论坛上进行了交流。我觉得，走向共享是一个宏大的政治、经济、文化、社会发展主题，值得全社会深入地思考与挖掘。

　　越是研究资本精神越是感到，有中国特色社会主义的本质就是共享，就是习近平总书记所说的，要让全体中国人民"共同享有人生出彩的机会，共同享有梦想成真的机会，共同享有同祖国和时代一起成长与进步的机会"。共享的核心价值就是共同享有，而不是相互剥夺。当年，马克思、恩格斯提出的共产主义，从本质上说应当就是共享主义。马克思、恩格斯那个时代，共产主义是一个非常现实的革命思想与历史任务。当年毛泽东把中国革命与马克思主义结合起来，领导中国革命与建设的实践也有其历史必然性。今天，在 21 世纪世界发展大潮里，经济、科技、社会、思想、文化等都已经发生了深刻的变化，人们越来越追求一种以民主法治为基础、物质财富和精神财富极大丰富的多数人主义，即追求多数人共享经济社会发展成果的道路。中国选择的是一条有中国特色的社会主义道路，是一条让全体中国人民共享经济社会发展的道路。我认为，这条道路的实质就是共享主义。我坚定地认为，人类发展的目标就是越来越走向共享。不管是哪一种意识形态，哪一种社会结构，人类共同的目标都会是走向共享。只有走向共享，人类社会才会有一个越来越美好的未来！

大变局需要大方向

——在华声会 2017 年新年座谈会上的主题演讲 ①
（2017 年 1 月 6 日）

　　新年伊始，我想到的是唐代诗人刘希夷的一句诗："年年岁岁花相似，岁岁年年人不同。"现在看来，后一句可以写成"岁岁年年事不同"了。为什么呢？今天是 2017 年 1 月 6 日了，我的脑子还是绕着一个大问题：世界已经进入一个大变局的时代，我们如何把握一个大方向？加上特朗普当选美国总统后可能给全球带来巨大的不稳定性，所谓"任何意外都不能排除、随时可能发生"，中国如何在世界这种大变局中把握好大方向，既要更好地发展自己，又要更好地推动世界的和平与发展呢？今天借这个新年座谈会的机会，我与大家交流一下自己的几点认识。

一、全球可能陷入 20 世纪 30 年代以来最深刻的危机之中

　　现在，对正在变化的世界有一个明确的判断非常重要。我的这个判断不是危言耸听，我是在描述正在发生的事实。你只要经常关注世界形势，就不可能没有看到这个事实——目前的世界形势变化之大、变化之深刻，已经超出了人们的一般想象：有的情况历史上似曾相识，有的情况是对过去的深化或者转化，有的情况从来就没有发生过。就全球来说，无论是东方还是西方，

---

　　① 此文为作者在华声会 2017 年新年座谈会上的主题演讲。

无论是政治、军事还是经济、文化等，都呈现出日益复杂的问题与矛盾。我梳理了一下，主要表现在四个大的方面。

一是世界经济从低迷进入滞胀。2008年世界金融危机到现在已经进入第十个年头了，全球经济发展的亮点迟迟没有出现。刚刚过去的2016年，世界经济是在"不振""协调"和"风险"中度过的。从总体上看，世界经济进入深度调整阶段，增长预期不断下调。特别是发达经济体增长持续低迷，私人投资增长放缓，消费需求疲弱，缺乏强劲复苏动力；新兴经济体增长缓中趋稳，但分化态势加剧，部分经济体经济结构单一、财政赤字偏高等结构性问题未得到根本改善。只有中国保持了总体平稳、稳中有进的发展态势，为逐渐放缓的世界经济提供了强有力的支撑。

二是世界金融市场、金融秩序暴露出日益严重的问题，特别是全球货币宽松政策带来的问题与资本主义国家严重的债务危机同时出现，使世界经济更加难以抬起头来。看看发达经济体，货币政策转向非常艰难。美国经济增长缓慢，时隔一年之后才在2016年年底再度加息。欧洲央行的情况怎么样呢？他们延续了宽松政策的基本框架，同时又为货币政策转向留下了口子。日本到2016年年底时决定维持宽松政策，说明经济还是没有走出困局。

三是全球收入、财富分配上的严重不平等，贫富差距不但没有缩小，反而进入历史上最严重的贫富分化阶段。从总体上看，过去30年全球范围内的贫富差距缩小了不少，但是每个国家内部的贫富差距都在扩大。一些发达国家内的不平等程度已经回到了19世纪末的水平。2016年，占全球人口1%的最富有的人的财富，已经超过其余99%的人的财富总和，财富占比将由2014年的48%增至50%以上。所以，经合组织秘书长安赫尔·古里亚在一份报告中明确指出："我们达到了临界点。经合组织国家的贫富差距如今达到我们开始测算以来的最高水平。"

四是经济问题与矛盾反映到社会上，特别是贫富差距不仅损害经济增长也影响社会凝聚力，直接导致了民粹主义的迅速蔓延，使世界许多地方呈现出严重的无政府主义状态。多种矛盾交织到一起，国家主义再度抬头，一个直接的结果就是全球摩擦与冲突变得日益严重与复杂。

尽管20世纪30年代资本主义世界发生的经济危机直接或间接地导致了

第二次世界大战，但是从客观上看，那一次经济危机对经济的影响并不是很大，全球经济几年后就开始走向复苏，危机时间并不太长。而 2008 年由资本主义世界引发的世界金融危机到现在已经快 10 年了，仍然没有好转的迹象，从全球范围来看，整个经济趋势还在继续下行，还在继续恶化。这样的世界经济困局直接导致了两个重要的现象：一是资本主义世界变化与分化同时发生，政治经济体系陷入日益严重的运行危机。尽管两大发展动能——科学技术特别是互联网的动能作用，与资本特别是金融资本、货币政策的动能作用——依然坚挺，但是资本主义的体制性矛盾，比如自由民主体制等已经面临许多难以克服的困境。二是社会主义国家进入全面改革开放的发展阶段。中国已经把开放发展理念作为长期国家战略，写入中长期发展规划。据新华社 2017 年 1 月 6 日报道，古巴和美国的两家企业近日签署了一份合同，古巴将向美国出口 80 吨高质量木炭。这是半个多世纪以来古巴首次向美国出口商品。这说明了什么呢？古巴经济也走向开放，直接与资本主义世界开展经济贸易了。

所以我认为全球可能陷入 20 世纪 30 年代以来最深刻的危机之中，其中一个重要的原因是，我们一直在追求社会公平，全球都在做这件事，但是不仅没有追求到这个公平，反而使全社会的贫富差距急剧地拉大了，达到了人类历史上从未有过的贫富分化程度。其中，资本担任了一个很重要的角色，从各个国家的层面来说，货币政策又使得贫富差距进一步拉大。在这么复杂的情况下，世界经济陷入深度危机，谁能够阻挡住呢？

所以我说，这是一个大变局，我们首先要看到这个大变局，认清这个大变局，才能审视大变局、把握大变局，在大变局里坚持大方向。但是，到底怎么变呢？我还是那句话：**既不能是东方往西方变，也不能是西方往东方变。只有把人类最美好的东西结合起来，超越现有的发展体制与机制，形成全球共享发展资源与发展成果的社会新形态，人类社会才可能共同获得一种新的生机。**

二、新的严峻的国家主义与民粹主义可能再度同时兴起

我这样说，不是出于意识形态价值上的认知，而是就现象的本质来说的。长期以来，资本主义追求的是一种市场扩张主义，主张打破国家主义、民族主义的统一市场、经济一体化，比如欧洲共同体就是一个典型的代表。但是，现在看来，这一趋势已经发生深刻的逆转了。为什么这样说呢？我想，至少有三个方面的表现。

第一，资本主义世界特别是发达资本主义国家的国家能力正在严重弱化。其中最重要的原因有三个方面：一是资本主义世界的经济严重滞胀，二是许多发达国家出现了严重的债务危机，三是发达国家也出现了社会分配日益严重的不平等问题。这三大经济矛盾交织在一起，甚至重叠在一起，又带来了严重的社会问题。首先，资本主义世界出现了一个相当突出的问题是领导人危机。比如特朗普当选美国总统之后，美国就没有一天停止过相关反抗活动。据美国《华盛顿邮报》报道，迈阿密的退休律师特雷莎·舒克在特朗普当选之夜冒出了一个想法，就是在总统宣誓就职日前后组织一场女性示威活动。于是，她创建了倡议主页，不料第二天就有 1 万人表达愿意加入的意向，特朗普就职第二天，也就是 2017 年 1 月 21 日早晨在国会山前举行规模在 20 万人以内的示威，目前登记参加这次活动的民众已经超过 10 万。又如，2016 年 6 月 24 日，英国"脱欧"公投结果显示多数人赞成英国脱离欧盟后，英国首相卡梅伦随即发表讲话，宣布他将辞去首相职务。卡梅伦当时说，英国民众已经作出了清晰的选择，将会离开欧盟走另外一条道路。所以，英国需要一个强大的、有决心、坚定的领导人就脱离欧盟与欧盟进行谈判。离开欧盟不是他想建议的道路，但是他愿意做任何事帮助英国找到自己的道路、发出自己的声音。德国总理默克尔很是强势，但也困难重重。再比如，2016 年 12 月初，朴槿惠遭受国会弹劾，正在接受特别法院的弹劾裁决，她将何去何从，现在还不清楚。这说明了什么呢？说明发达国家领导人从整体上出现了前所未有的危机。

第二，资本主义世界的社会矛盾进一步激化，导致社会裂痕急剧加大，

民粹主义不断地翻新，并且出现了一些很奇特的现象：一方面威权主义不断强化，一方面民粹主义也在不断地激化。有些拥有威权的领导人走上领导人的舞台，不久就可能面对信任危机。这样的现象是过去不曾有过的。第二次世界大战之前，无论是希特勒还是墨索里尼这些法西斯主义独裁者，都受到了民众的追捧，两者之间形成了一种高度的默契。但是现在，威权主义者与民众之间的默契被打破了。民众喜欢集权主义者，但是过不了多少天，他的支持率就急剧下去了。民粹主义和威权主义处在不断地博弈之中，社会也因此而急剧地被撕裂了。比如在西方社会里，社会底层、少数族群等的利益长期被忽视，已经成为今天民粹主义再度兴起的重要社会根源。这说明一个简单的道理：社会大众的利益诉求在一定程度上被严重压抑了。民众的意愿有时得到了重视，但问题并没有得到较好的解决。于是，民众力量转而形成另一种反对声音，寻求新的表达方式与途径。民众与威权的背离，可能是资本主义又一个沉重的问题与矛盾。

第三，经济全球化在发达国家经济低迷的状态下，出现了一种深度的逆全球化趋势，特别是民粹主义与国家主义纠结在一起，引发了全球性的新的经济与社会问题。主要问题是什么呢？主要是全球经济复苏缓慢，市场需求又长期低迷，加上发展上的包容性不足，特别是经济全球化的收益并没有惠及所有的参与者身上，一些国家特别是发展中国家的老百姓被排除在经济全球化带来的收益之外，也促使保护主义和反对全球化的思潮蔓延开来。还有一个问题，也是特别需要警惕的，美国当选总统特朗普在竞选过程中开出了一系列保护主义性质的政策承诺，如果他的承诺全部或者部分付诸实施的话，一定会给外部世界带来许多不利的影响。其中最大的可能将是再度引发全球范围内保护主义政策的密集出台，从而严重阻碍世界经济发展，全球经济的增长率还将继续在下降通道里艰难下行。

我认为，新的严峻的国家主义与民粹主义可能再度同时兴起，既然不可避免，那就必须认真而严肃地加以对待。无论是国家主义还是民粹主义，既可能表现为国与国之间的博弈，也可能表现为国内各种矛盾主体之间的博弈。如果资本主义世界在此基础上进一步对内清算反对力量，比如美国当选总统特朗普已经表现出来的对现任美国总统奥巴马政策的清算态势，对外又采取极端的贸易保护主义、军事扩张主义，那么世界不仅仅在方方面面都可能具有深刻的不确定性，就连 2017 年也可能成为世界面临最严重的系列风险的一年。

世界出现的这些变化，特别是以美国为首的发达资本主义国家出现的一系列情况，对中国的全面改革开放无疑形成了新的严峻挑战。所以我认为，如何在推动国内经济发展、消除社会矛盾的同时，应对国际社会再度兴起的严峻的国家民族主义、民粹主义、极右民粹主义等，既是中国经济社会发展的需要，也是促进国际社会和平与发展的需要。

三、特朗普将开启美国商人治国的新模式

我反复强调过，这是一个资本的时代。现在看来，资本的确无处不在，无时不有。资本的泛滥，使这个世界再度进入逐利化时代。在这个基础上，资本主义世界出现商人治国的模式本身就是迟早的事，特朗普当选了美国总统，商人治国的事也就必然地发生了。特朗普一直是一个纯商人，是一个做地产、做广告业务的大商人，他成为美国总统，自然与以往的政治家、军事家、实业家治国有很大的一致性，但也有许多不太一样的地方，也就是说商人哲学治国与政治哲学治国，理念和模式都可能是不一样的。特朗普将开启的是美国商人治国的新模式。当然，特朗普当选美国总统，这是美国自己的事，但是由于美国是世界上唯一的超级大国，美国在全世界都有自己的利益，所以特朗普在开启美国商人治国模式的同时，加上特朗普内阁团队是一个财富总额超过 400 亿美元的土豪"执政团队"，也就开启了商人团队治理世界大国的新模式。这是一个基本的现实判断，也是一个重要的国际形势新特点。

我认为，在全球发展出现大变局这样一个重要时间节点上，特朗普出任美国总统是一件十分不寻常的事。从本质上说，特朗普是一个商人，而且是一个成功的商人。他从参选到现在，性格鲜明，但出牌方式却极不规则。他选择的内阁组成人员大多是商人，既包括金融家也包括实业家。商人的特质当然是为了利益，是为了追逐更大的资本利益。这一点与其他政治家、军事家等是不一样的。如果换作其他类型的政治人物上台，他们当然也会讲究利益，也会追

逐利益，但商人政治有两个重要特点：一是更讲效率，因为商人更懂得资本运作，相对来说，他们不会更多考虑意识形态，而会更多考虑当下能够迅速变化的商业规则，即讲究眼前的利益，讲究效果；二是更讲究人性，商人也许更懂得应如何在资本时代把握好人性的特点、运用好人性的特点。

美国从 20 世纪 70 年代以来就推行产业转移战略，把一些产业特别是制造产业转移到别的国家，以此来维护美国的金融资本，特别是美国的美元印刷能力。也就是说，美国只要保住美元的印刷机制，美国就可以活下去。进入 21 世纪，世界发生了重大变化，特别是 2008 年金融危机以来，世界经济出现了重大变局。奥巴马政府在 2014 年推出"振兴美国先进制造业"计划，加大对新兴、交叉学科发展的投入，为先进制造业领域的中层职位培养合格的劳动力，让中小制造厂商也拥有尖端技术设备等政策支持。在此基础上，特朗普进一步提出发展美国实业的计划。特朗普为什么要大力推动美国实业的发展呢？为什么要搞制造业呢？道理很简单，特朗普是一个商人，他可能最理解市场经济体制下"以人为本"的本质是什么。一个人，如果国家给了他基本生活保障，他就不劳动了，也会面临两个问题：一个问题是，一个人一旦不劳动便可能无事生非。他长期没有事情做，也会很难受。为什么一些中国人移民到了加拿大，待几天就要回来呢？因为加拿大的生活保障好，你不用做事，却又闲得慌！人终究是需要劳动的动物，一旦失去了劳动，人的劳动本性就可能不舒服了。马克思说："劳动是人的第一需求。"这确实是一个真理。另一个问题是，一个人长期不劳动，与那些劳动的人特别是那些脑力劳动的人相比，收入差距就很大，就会形成社会失衡。不劳动的人虽然能获得一个基本生活保障，但是与那些获得更高收入的劳动人民相比较，他也会产生一种失衡心理，进而引发社会不满与社会矛盾。所以说，机器再发达，技术力量再强大，也不能完全取代人的劳动；互联网、电商再好也不能取代人的劳动。人是需要劳动的灵长动物。近几年，为什么马云的阿里巴巴网站在中国发展得这么快，在日本却发展不起来呢？在欧洲特别是在德国，他们为什么不把互联网当成一个取代劳动力的手段呢？特朗普是一个商人，他深知这一点。不要说特朗普，即便是我，我也是知道这一点的。人需要就业，人越养越会变懒，越养越会出问题。只要是企业家、是商人，除了会算经济账，还要会算人性这笔账。所以说，在特朗普时代，美国面对世界意识形态上的战争，而局部性的军事战争也会存在，甚至会激化，但不太可能成为主战场。特朗普的主战场只会集中在经济战争、商业战争、贸易战争上。不管是对中国还是对世界，特朗普都会如此。

过去，我们也在讲"以人为本"，但我们好像没有更多关注人性，也没有讲清楚人性这一层。到底什么是"以人为本"呢？我认为，当人和神在一起的时候，"以人为本"就是不要把人当成神的奴婢。欧洲文艺复兴运动的一个重要成果就是把人从神那里拉回了人间。到了后来，人和物的关系密切了，那么到底是"人"重要还是"物"重要呢？当然是人重要！现在的情况却不是这样，特别是随着科学技术的发展，机器人将可能逐步取代更多的人的劳动，电商也可能进一步取代实体店，结果造成大量劳动者的就业岗位被裁减。失业的人怎么办呢？一是需要重新就业，二是需要基本生活保障。马云虽然创造了一个 10 万人就业的平台，但是他也可能因此导致 30 万人甚至更多的人失业，这也是不划算的。在国外，互联网发展都有所限制，不像中国这么蓬勃发达。比如，阿里巴巴日本网站在 2007 年年底开通，到 2013 年 11 月左右就关闭了。这个网站是阿里和软银合资的"日本阿里巴巴"，专门为日本企业提供日文服务和本地化内容的 B2B 全球交易市场，结果失败了。为什么"日本阿里巴巴"失败了呢？除了经济上的原因外，关键是日本人懂得一个最简单道理，那就是人不能不劳动，不能让网站占领更多人的工作岗位。影响大量人员就业，其本身就是一个经济问题，也是一个社会问题。当然，网店是流通领域的一个新生事物，需要重视、需要扶植，也需要发展，但是不管怎么说，它都要与经济发展的实际需要紧密结合起来，走慢了不好，走快了也不一定是好事。

我还想到的一个问题是，作为商人的特朗普出任美国总统，他针对中国的一系列言行已经说明，中国力量将可能成为他的头号目标。在政治、经济、军事、文化、环保等方面，中国会面临更加严峻的博弈甚至冲突。现在很多人担心中美在军事上会出现擦枪走火的可能性，中美意识形态上的博弈会进一步加剧，中美经济上的战争将不可避免等。在我看来，商人出身的特朗普首先会把经济上的竞争、市场上的苦斗精神带到美国的政治、经济等领域，也会带到国际经济、政治、军事等领域。他斗的意义在于他所标榜的"维护美国的利益"或者说"美国优先"。他不仅要跟中国斗，还会与全世界斗。他会继续与俄罗斯、叙利亚、伊朗等国斗，甚至与他的盟国斗。当然，他很可能要把中国当作主要目标。他一个多月来的种种表态说明，中国现在很强大了，中国对他的影响很大；中国已经有力量了，中国的力量对他构成了威胁。而且，商人特朗普的方式会不同于奥巴马的方式，也不同于布什、克林顿的方式。对此，我们一要清醒，二要管控目标，三要有积极的应对措施。当然，我们已经有了相关措施，而且措施还很多。

所以我认为，中美意识形态上的博弈可能会趋向新的冷化状态，也不会有本质意义上的军事战争。现在有核武器的国家之间发生军事战争的可能性比较小，即使有也只会是局部性战争。但是，中美之间的经济博弈，包括经济战、金融战、商业战、贸易战等却是必然的，也将是十分深刻的，甚至是十分严酷的。

四、中国怎么办

当然，我这里说的中国怎么办，不是说中国至今没有很好的发展对策。中国有一个坚定的领导核心，已经确定了一系列明确的发展战略与发展对策。我的问题是，我们如何在中国政治坚定、社会稳定、经济发展、人民团结的大背景下，更好地面对全球大变局、大困境，更好地把握大方向，更好地构建"人类命运共同体"，为世界的和平与发展作出更大的贡献。对此，中国的工具箱里工具很多，手段也很多。我想就政府和企业家这两大主体谈一点认识。

1. 政府怎么办？在世界大变局、大困境的情况下，在即将开启的特朗普的美国时代，我们的政府该怎么办？一方面看看我们过去38年的成绩单，可以说，没有改革开放就没有中国今天的发展。但是，我们也必须看到，过去我们大力地发展各种低端产业、高能耗产业、高污染产业等，已经引发了国际社会的一些不满。对这些传统性产业，我们也意识到了要转型、要提质，比如要发展新型制造业、智能制造业等。另一方面，我们的金融业也在不断扩大，比如虚拟资本等。虚拟资本进一步扩大有很多原因，就内部来说有利益扩大的需求，就外部来说有国际环境的刺激或者说压迫。美国长期以来搞的就是金融战争，就是美元战争，即用美元攫取全球的发展收益。就我们来说，兵来将挡，水来土掩。简单地说，我们必须和他们旗鼓相当！也就是说，我们现在的金融体系、金融规模等资本体系，从某种意义来讲就是被美国逼出来的。

尽管如此，我们在发展中要警惕的是新自由主义经济学。如果走向新自由主义经济，中国的麻烦会很大。我认为，当下的中国从宏观上来说，一定要支持一大批实业型企业家，比如任正非、曹德旺、柳传志、宗庆后等。事实上，中国要在经济战场上打胜仗，就一定要造就一大批市场经济上的"将军"，要让他们到市场经济的大风大浪中打拼。我相信，上面说到的这一大批实业型企业家都是在市场上成长起来的，他们最懂资本、最懂市场，而且最懂如何更好地运用资本、操作资本，如何更好地面对市场，发挥资本的作用。同时，要更好地支持民营经济发展，我们发展经济仅仅依靠国有企业是不够的，也是不行的。国有企业有国有企业的优势，但很难产生像任正非这样的企业家。像任正非这样的企业家肯定只会来自民间、来自市场经济。还有一个重要问题是，对于那些专门玩资本、玩虚拟经济的财团，应该有所警惕，应适当地加以约束和控制。要从国家战略的高度，推动实体经济不断转型升级。对要实现产业转型升级的企业，应该给予更多的政策支持，特别是金融上、政策上的支持。对高新技术产业、高端智能制造产业等，要采取更多的支持与优惠政策。企业家有自己的效益要求，可以只考虑资本效益、商业模式，考虑如何获得更大的利益。但国家不能这样，国家要从整体上考虑国家发展的综合效益，用多元的政策引导企业家向多元化发展，通过企业家实现国家创新能力、国家实力的不断增强与发展。

当然，政府要做的事太多了，支持企业家、支持实体经济更好地发展等，只是其中很重要的职责而已。这一点，我要讲清楚，不然我说的就有点片面了。

2. 企业家怎么办？我有一个基本观点是：38年过去了，中国实行改革开放后的第一代企业家已经成熟。这一代企业家可以说是在中国社会主义体制下形成的现代资本家。这一批企业家是与中国改革开放事业共同成长起来的。

中国改革开放事业是在摸索中发展起来的，这一批企业家也是在摸索中成长起来的。他们与1949年前的中国企业家不同，那时候的企业家都有救亡图存的使命，都重视发展民族产业。他们也与现代西方企业家不同，现代西方企业家往往是经过几代传承发展起来的，到了今天，他们拥有良好的物质财富和精神财富，也就是说他们不仅有物资积累还有精神积累。中国这一代企业家面对的是国内、国际大市场，遵循的是市场经济规则，他们既要投入到国际经济大循环、投入到经济全球化之中，也要懂得自己的使命，坚守自己的使命。我们这一代企业家要明白的是，我们来自于中国这片土地，也一定要站在这片土地上，或者说回归到这片土地上来。我们的成功来自于中国的发展背景，我们也离不开这个背景。从目前的世界变局来看，历史赋予了中国一些新的机遇与使命。政府在引导企业家认识和把握新的机遇与使命，企业家也要自觉地抓住使命，与国家共同承担历史的使命感。

说到这里，我想我们要明确的重点有三个方面：第一，我们要在21世纪前二十年打造出坚定的企业家团队。中国有中国自己的国情与体制，中国不需要一支如此庞大的企业家团队来治理国家，但是中国需要一支强大的企业家团队走上国际舞台，参与世界发展，应对世界最强大的企业家团队的竞争。特别是来自于民间的企业家，国有企业能够产生企业家，但很难产生来自民间的企业家。真正从市场里成长起来的企业家，才是市场的真正主人。政府要认可企业家的历史作用与历史地位，要进一步完善有关法律法规，依法保护企业家的合法权益。特朗普为了美国的利益，以商人的方式跟美国的所有利益相关方博弈。他之所以把中国作为重要的博弈对象，是因为中国的力量对他眼里的美国利益形成了很大的障碍。所以，中国优秀的企业家要联起手来，在共享发展理念的旗帜下，直面全球、奋力创新，为世界市场提供更多的像华为所制造的一流产品。就算世界市场走向保守化，中国国内市场依然是世界最大的市场，需求还在进一步扩大与升级。

第二，企业家也要明白和坚守自己的使命。我们这一代企业家是在一个特定历史时期成长起来的，所有的成功都离不开社会主义时代、多数人时代这个背景。我们成功以后也必须回报这个时代，这就是我们的使命。只有拥有了这样的使命感、责任感，我们才能更好地应对这个世界的大变局、大变化。企业家要有更高的精神追求与精神境界，具有更高精神境界的企业家才会走得更快、更高、更远。

第三，企业家拥有更多的资本就应当更好地肩负资本的责任，就更要拥有资本精神——要有资本背后的道德精神，更好地推动21世纪慈善发展。人类社会已经进入贫富差距最大化的时期。世界在寻求用制度和体制来保障人们基本生活权利的同时，也要更好地发展慈善事业，让富人的财富更好地发挥作用，使其更有益于人类的发展。对此，2016年我提出了21世纪慈善这个概念。我认为，所谓21世纪慈善，就是以21世纪全球发展为目标，融合不同文明成果，用慈善的方式参与国际政治、经济、军事、社会、文化、民族、环保、太空等领域的协同发展，推动全球用共享治理资本，让资本创造的财富为多数人所共享，为实现全球共享发展而不懈努力的现代慈善形态。从这个意义上说，21世纪慈善就是最好的推动资本走向共享的方式和最有效的发展形态。在这样一个大变局的时代，中国不仅要通过企业家团队的运作，在经济实力上走到世界舞台的中央，还要在伦理上、道德上高举中华文化、中华传统美德的大旗，用21世纪慈善来引领和推动资本走向共享——这将是人类21世纪发展与追求的新的伟大征程。

所以，我的一个基本结论是，全球大变局必须寻求发展大方向。而且，世界每一次大变局都需要领头羊、需要大方向，也都产生了大方向。从20世纪30年代的资本主义全面危机到第二次世界大战结束，世界发展的走向有两个大方向：一是资本主义走向福利社会，二是社会主义走向共产主义。经过几十年的发展与变化，今天的世界再一次面临全球性的大变局，世界又将走向一个什么样的大方向呢？我认为，那就是共享。中华民族拥有最深刻的共享基因，中国文化拥有最深厚的共享根柢。中国不仅把共享写入了未来发展纲要与发展战略，也贯彻到了中国社会主义建设与中国对国际事务的主张中，比如习近平主席提出的构建"人类命运共同体"等主张。所以我坚信，面对日益复杂的全球经济社会大变局，中国提出的共享发展理念的大方向，一定会对全球发展起到积极的引领与推动作用。

以上是我的看法，仅供大家参考。

中国发展的本质是中国共享文明的崛起

——就《论资本与共享》出版答记者问 ^①

（2017 年 2 月 20 日）

卢德之博士的《资本精神：人类文明协同发展的力量》2016 年 1 月出版后，以其主题的新颖性、独创性与理论性，获得了国内外学者的广泛认同与好评，比如韩国庆熙大学的姜孝伯教授就把全书译成了韩文。作为该书的姊妹篇《论资本与共享——兼论人类文明发展的重大主题》也由东方出版社在2017 年 2 月 26 日出版发行。《中国故事》长期关注卢德之博士有关"资本与共享"的理论思考及其国际国内慈善活动。2015 年《中国故事》英文版以"Lu Dezhi,a Man Who Catches the Sight of and Pursues the Spirit of Capital"（《卢德之：一个眺望与追求资本精神的人》）为专题推介了卢德之博士的有关思想。

2017 年 2 月 20 日，在《论资本与共享》出版发行前夕，国际儒学联合会副理事长、中国社会保障学会副会长、弘康人寿保险公司董事长、华民慈善基金会理事长卢德之博士在北京接受了《中国故事》特约记者的专题采访。

《中国故事》：卢博士好，拜读您新出版的专著《论资本与共享》，我有一个强烈的感觉，这是一本充满理性，也充满激情的书。您在书中明确提到，您从酝酿到写作这本书，是基于对当今世界变局的一个基本认识：这是一个资本的时代，一个走向共享的时代，一个需要用共享治理资本的时代；这是

---

① 原载《中国故事》2017 年第 1 期。

一个巨变的时代，一个伟大的时代，一个需要融合、创新与超越的时代。请问，您是怎样得出这个基本认识的呢？

卢德之：谢谢你们的提问！回答这个问题，我首先想说的是，习近平总书记不久前告诫我们说："勇于自我革命，是我们党最鲜明的品格，也是我们党最大的优势。"① 从本质上说，我的思考过程就是一个不断"自我革命"的过程。我这个人有一个特点，那就是常常回头思考我自己、反思我自己。

我觉得人生的本质就是在困境中寻求出路而不是作困兽斗。最近十多年来，我的实践与思考有一个基本的过程，那就是一个从资本到资本精神，到现代慈善、走向共享，到治理资本，到构建共享文明的认识过程。我在思想观念上有自己的特点，也是一个尊重既有概念又不会局限于既定概念的人。我的目的只有一个，那就是主动而努力地寻找真理。我们知道，现实世界本来就复杂多样、丰富多彩，新生事物又是这样日新月异，未来世界经济社会、现代科技的变化发展总是不断地超出我们的现实想象。尽管如此，我总是关注现实世界，特别是现实社会的发展及其存在的问题，我希望从现实生活中抽象出自己的认知方式，用来思考和阐释历史与现实世界的鲜活事件与故事，也用来预判未来经济社会发展趋势。这是一个非常艰难的过程，但我总是一往情深。现在看来，我生活在民间、在企业界，却延续了大学时代的一种偏好，喜欢思考那些超越了个人生活的人类共同发展与未来命运的问题；我生活在中国，也经常到国外去看看，但希望以中国的视野、中国的思维看世界，也以世界的视野、世界的理论看中国。

我的一个观点是，我生活在当今这个快速变化的全球化的世界，却喜欢从不同文化的视角来寻找解决矛盾与问题的方向和思路，希望从不同民族的文化交流、融合与超越中寻找到人类发展的一个好的方向。这的确非常艰难，我却满怀希望。这也是我写作《论资本与共享》的初心与期待。

《中国故事》：您在书中深入讨论了您以往提出的相关概念，又更多地阐释了另一些新概念，比如资本、资本精神、共生、共享、共享能、共享场、

---

① 习近平：《在党部级主要领导干部学习贯彻十八届六中全会精神专题研讨开班式上的重要讲话》，新华网 2017 年 2 月 17 日。

共享社会、协同共享、协和共享、21世纪慈善、跨国基金会、慈善之剑等，特别阐述了这些概念之间的联系及其同人类社会历史、现实与未来的关系。您的认识角度让人耳目一新。

卢德之：我认为，人类文明发展与进步是一个逐步深化的过程。如果把人类文明发展史比喻为一串美丽的珍珠项链，那么青山、绿水、江河、湖泊等自然文明，资本、生产、分工、财富、交换等经济文明，忠诚、节制、勇气、正义、慷慨、仁慈等道德文明，知识、哲学、精神、自由、大同、理想、共享等社会文明，以及时间、自然、环境、社会、语言、文字、工具、信息、权力等文明就是一颗颗璀璨的珍珠，而且正是这些珍珠所构成的人类文明谱系，以其美丽的光彩交织出了人类的发展历程与灿烂成就。其中，最耀眼的是什么呢？就是人类的两大文明成果：一是人类生存发展的物质基础——资本，以及由此而形成的精神基础——资本精神；二是人类社会的发展方向与目标——共享。

人类社会正是得益于伟大文明的滋润才得以这样绵延发展，永续不绝。人类发展的基础是文明，人类因为有文明的积淀才不会沉沦，即使有时会偏离人类社会发展的正道，也会回归发展的正道。文明是人类发展的基础，也是人类取之不尽、用之不竭的发展资源。

《中国故事》：资本精神是您在十多年前提出的一个新概念，现在已经为越来越多的人所接受了。您在书中说："大约到2014年前后，我越来越清晰地认识到资本与资本精神就是人类社会生存发展的两大基础，同时又是我们认识人类社会生存发展的两大工具。"怎么理解这个问题？

卢德之：到目前为至，人们对人类社会生存发展的基础已有许多种分析与解读。与一般分析不同的是，我认为，资本与资本精神是人类社会生存发展的两大基础。站在这两大基础上，并且运用这两大工具去认识世界的时候，我发现人类社会生存发展有一条深沉的发展线索：第一，自从有了资本与资本精神，有了资本的不断发展和资本精神的不断发育之后，社会的财富才得以不断丰富与发展，人类社会发展的物质基础才得以日益稳固；第二，随着社会物质基础的发展，特别是资本创造的财富日益丰富，资本与资本精神的博弈就更加激烈，这种博弈的本质就是如何让资本创造的财富为大多数人所共同享有，反映到现实世界的最初方式就是救济社会弱势群体和传统慈善，终极方式就是共享。所以，共享表现出了鲜明的二重性，也可以说是发展的统一性——共享既是人类文明的伟大成果之一，也是人类社会发展的方向和目标。这也是我所认识的共享的最初来源与理解。

当然最近几年来，我围绕共享以及对走向共享进行的研究与思考，仅仅是一些个性化的理解和认识。面对21世纪人类社会发展所呈现出来的共享发展大趋势，无论是我们的实践还是理论思考都只能说是刚刚起步。也就是说，如何更好地认识资本与资本精神这两大人类社会生存发展的基础，如何运用这两大工具分析和把握人类社会生存发展规律，让资本创造的财富为大多数人所共同享有，对全人类来说都是任重道远的。

《中国故事》：您明确地说过："资本、共享是我眼里的世界。"资本、共享是您阐释的两个关键词。那么，您认为资本与共享之间存在一种什么关系呢？

卢德之：我认为，资本、共享是我眼里的世界，而且紧密地联系着中国与世界。我们知道，资本作为社会发展的物质基础，几乎与每个人的生活有关，不同的只是多与少的问题。共享则是人的思想追求，是人的高级理念，尽管长期以来我们没有明确认识到这一点，也没有自觉地将其放在思想意识里，却又真实地以不同的方式在实施，比如在家族里、在家庭里，这关系到的是个人的修为与觉悟，以及对财富的理解。对于社会、国家、组织及其目标、制度、政策、措施来说，如果把共享作为理念、目标，则决定了社会、国家、组织的政治制度形态的性质。

从总体上说，资本越发展，财富越丰富，社会越发展，就越会走向共享，尽管这是一条曲折的资本与共享相互博弈的道路。所以我认为，人类历史发展的过程就是资本与共享博弈与发展的过程：第一，资本贯穿着人类发展的全过程，无论过去、现在和未来都如此。第二，人类的道德价值一直在引导和规范着人们的各种选择。而且，资本与道德总是处在博弈之中，这种博弈又是无处不在、无时不有的，无时不处于运动状态，所以这种博弈就会不断地对人类历史发展变化产生深刻的影响。

面对21世纪的发展，我们必须重新认识资本与共享，特别是共享。资本是一种基础，共享决定的是方向与目标。没有方向与目标，人类在大变局时代更容易陷入困惑与迷惘之中，而又难以找到解救的方式与方法。所以，认识和把握资本与共享之间的关系十分重要。

《中国故事》：您认为，人类文明发展的两大推手是"资本与多数人"。为什么呢？

卢德之：从总体上看，不同时期的人类文明对应着不同的资本文明。所以，从某种意义上说，资本文明的进程就是人类文明的进程。资本文明有两大推手，就是资本与多数人。资本是基础，多数人是方向、是目标。两手都要有、都要硬，缺少了哪一个都不行，都不能很好地推动社会文明的发展与进步。两者之间相互作用及发展变化，在很大程度上决定了资本文明的质量好坏、高低程度与发展前景，也决定了人类文明曲折与伟大的进程。

这个进程反映了资本与多数人、资本与少数人之间的利益关系，而且在人类发展长河中这些关系总是以不同的形式不同程度地出现，但往往又是少数人更多地掌握了资本，让资本创造的财富更多地落到了少数人手里。社会贫富严重恶化，少部分人奢侈荣华，多数人贫穷潦倒。结果是，资本发展了，社会发展了，但不一定是多数人享有了财富，不一定让多数人生活水平提高了，让多数人满意了。好在人类是警觉的、是聪明的，一旦发现资本脱离了多数人，让资本与少数人以一种扭曲的、异化了的利益关系结合在一起的状态，就会以一种新的社会方式去切换现实，改变资本与人的关系，把资本的属性从恶的一面拉向善的一面，把资本的好处以新的社会方式更多地拉向多数人——这种方式就是不同的共享，不同的共享方式往往成为人类社会向前发展的一个重要推动力。

当然，我必须说明的是，我并不是反对那些懂经济、敢于创新、拥有市场运作能力和资本精神的"少数人"拥有资本、运用资本，让资本更好地发挥创造财富的作用。也就是说，我们既要充分发挥善于运用资本的人的作用，又要引导资本创造的财富走向共享，即使是"少数人"拥有更多的资本，但他们创造的财富并不是简单地为了个人的需要，而是让多数人以一定的分配方式共享资本所创造的财富。只有这样，我们这个世界才会越来越美好。这也是我心目中关于"资本与多数人"的一种理想状态。

《中国故事》：您在书中特别强调，共享形态是一种复杂的社会制度体系，人类发展到现在一直在寻找共享的思想理念以及方式与方法。中国文化拥有丰富的共享基因，中国的共享文化必将对全球21世纪发展产生积极的引领作用。请您谈谈这个问题。

卢德之：我觉得，一个民族发展的根本是文化的发展，一个民族与其他民族的最大不同就是文化上的不同。一个民族的独立性首先表现在文化的独立性上。中国社会从古老的井田制开始就拥有最丰富的共享基因与共享实践，尽管在发展过程中走了许多弯路，也因此付出了沉重的代价，但是方向是正确的。我认为，这种文化基础有三个重要特点：第一，只能是共享，不能是独享；第二，只能以实体经济为主，以虚拟经济为辅；第三，可以出富人，但不能出土豪，特别是不能出凭借金融资本等进行巧取豪夺的资本土豪。一旦出了这种土豪，就必须通过自我革命和革命这两种方式来解决。

所以我认为，中国发展的本质是中国共享文明的发展，中国崛起的本质是中国共享文明的崛起。

现在看来，中国的体量与力量越来越强盛了，在世界上的话语权也越来越重要了，尽管中国必须面对许多围堵中国发展的政治、经济、军事、文化等国际势力，但中国任何一项国内政策的出台都将对外部世界产生重要影响。中国发展影响的不仅是中国，而是整个世界，因为中国推动的是多边主义，是新的经济全球化，是共建、共赢、共享的全人类的全球化，是世界共同建设发展的百花园。而且，这一切都是世界上正在发生的基本事实。所以，如何更好地推动具有世界意义的中国发展，如何正确解释中国发展、中国目标、中国价值与中国贡献，是一个重要的国际合作话题。正如习近平主席2014年3月27日在巴黎出席中法建交50周年纪念大会上所说的："中国这头狮子已经醒了，但这是一只和平的、可亲的、文明的狮子。"所以，让世界真正理解中国，既是中国的需要，也是世界的需要。我觉得，中国发展了，才会有世界的发展；真正解释了中国，才能解释世界。可以说，我写作这本书有一个方面也是基于这个执着的判断与追求，并以此作为我的出发点与落脚点，构成了我思考的主题与思想的天地。

《中国故事》：您认为，资本与财富有关，共享也与财富有关，所以如何在 21 世纪人类发展中建立 21 世纪财富观非常重要。请您具体谈谈这个问题。

卢德之： 财富观是价值观的重要组成部分。所谓财富观就是人们对财富价值的理解与认识的总和，反映的是人们创造财富与处置财富的价值追求。共享财富观的核心就在于人们把财富积累的过程，直接纳入推动社会思想变革的重要过程。树立 21 世纪财富观，本质上就是树立共享财富观。

我曾经提出以"资本精神"来改造我们的财富观。任何时候，创造财富都需要精神滋养、需要内在动力，要强调"三个拼命"，即拼命地挣钱、拼命地省钱、拼命地为神圣的事业而花钱。

财富是个好东西。任何时候、任何社会，创造财富都是最重要的事，有利于更好地创造财富的社会才具有好社会的物质基础。所以，创造财富是无罪的，创造财富的人应该受到社会的尊重和重视，而不应该是一个人在创造了财富之后，就被推到被怀疑、被打击的境地。当然，任何人都要合法地创造财富。我常常讲三个故事：一是"马太效应"的故事；二是"骆驼穿过针眼"的故事；三是孔子弟子三千、贤士七十二，只有子贡一人挣钱，其他的人都当官或者做学问的故事。这说明一个什么道理呢？就是呼吁我们的社会重视财富，重视创造财富的人，他们是社会的宝贵资源。我曾经说过，我也是一个为富人说话、为穷人做事的人。现在社会上的许多人喜欢为穷人说话，因为为穷人说话，大多数人会拥护你，但是并不多想为穷人做事，因为为穷人做事一般都比较困难，而总想为富人多做事，因为为富人做事有好处。

当然，我们也不能走向反面，更不能想方设法把富人都打倒。一个社会如果把富人都打倒了，就会压抑人们的创造性，穷人就会更穷。从这个意义上说，人们对财富和富人的现代诠释与现代理解，是一个社会是否进入现代社会的一个很重要的标志。尤其是面对 21 世纪发展，面对与财富快速增长和贫富差距同步扩大的现实困境时，我们更要认真地对待处置财富的问题。

早在古希腊时期，柏拉图就把富有共享色彩的"理想国"作为了人们超越财富而建构幸福生活的重要方式。亚里士多德也认为，共享不仅仅表现为财富的静止状态，还可以表现为财富的运动状态，这种运动又可以表现为对财富的生产、分配和消费的极大推动力。所以，共享不但不会阻碍经济社会发展，反而能够更好地推动其发展。两千多年后的现代社会里，随着财富总量的增加与分配上的矛盾日益加剧，以亚里士多德为代表的这种共享财富观已经日益成为人们追求的重点，同时也成为社会制度的重要选择。人类进入21世纪的发展阶段，无论基础、目标与方向都发生了巨大的变化，我们需要一种什么样的财富观呢？我只是提出了自己的思考，全世界都应当好好地回答这个问题。

《中国故事》：您认为："面对21世纪发展，世界文明必然保持多中心主义。欧洲文明与中华文明这两大原生态文明作为两大区域中心文明形态，只会走向融合与超越，而不可能走向谁取代谁的道路。"怎么理解这段话呢？

卢德之：21世纪的世界文明更可能是世界多种文明融合与超越的新的文明形态，任何区域文明中心都不可能成为世界文明中心或者世界中心。所谓的西方文化中心论也将在21世纪发展中走向终结。这个新趋势、这个新格局与新特点的方向和核心就是共享。这里的共享，既有来自古代中华文明的"大同"理想和"公天下"思想，也有来自古希腊、古罗马的"理想国"（柏拉图）和"私有公享"（托马斯·阿奎那）思想，以及世界近现代社会发展思想；既有来自社会主义为大多数人谋求利益的思想与追求，也有来自资本主义世界"福利社会"的思想与构想。也就是说，世界各民族发展过程中都创造出了自己独特的共享文明，有习俗性的、宗教性的，有家庭性的、企业性的，有慈善性的，最高级的则是社会制度性的共享文明。

同时我认为，21世纪是大文明、新文明崛起的时代，是共享文明崛起的时代。共享文明融合了人类以往的重要文明成果，比如传统宗教文明、18世纪以来的英国现代自由文明、19世纪以来的美国现代民主文明、20世纪初以来的苏联和中国等社会主义文明等，并在此基础上交流、融合、超越发展起来的一种文明形态——现代共享文明，将是人类21世纪崛起的新的重要文明形态。我认为，中国必将引领人类21世纪共享文明的崛起与发展。中国文化或者说中华文明里拥有最丰富的共享基因，而且中国已经制定出了共享发展的战略决策以及政策措施，向全世界提出了构建"人类命运共同体"的伟大构想，并且拥有最近六十多年来追求共享的伟大实践，因而中国必将在追求共享发展的过程中，不断融合世界不同文明中的优秀文明基因，并以自己的方式引领全球共享文明体系的建设与发展。所以我认为，世界发展的一个重要标志将是共享文明体系在 21 世纪的崛起。一种新的文明崛起了，才标志着新的社会发展形态建立起来了。从这个意义上说，我很高兴成为一个共享主义者。

《中国故事》：任何思想都有其深刻的思想来源。您认为共享发展的理论来源是什么呢？

卢德之：任何理论都有其最初来源，任何理论都有其社会经济基础与思想源头。正如恩格斯在谈到社会主义理论来源时所说的："就其理论形式来说，它起初表现为十八世纪法国伟大启蒙学者们所提出的各种原则的进一步的、似乎更彻底的发展。和任何新的学说一样，它必须首先从已有的思想材料出发，虽然它的根源深藏在物质的经济的事实中。"[①]

所以我认为，共享发展的理论基础也至少有三个基本组成部分：一是中国优秀的传统文化，二是西方和其他民族优秀的传统文化，三是马克思主义基本理论。前面已经谈到，中国文化几千年传承下来的仁爱、大同、中庸等都是好东西。西方文化传承下来的博爱、平等、公平、正义等思想也是美好的东西。马克思主义强调人的自由自觉的劳动、"每个人的自由发展是一切人的自由发展的条件"[②]、共产主义等都是好东西。这三个组成部分都立足于人类社会的现实需求与未来发展，而且都显示出鲜明的共享特征与共享追求。如果说马克思当年深刻总结人类以往一切文明发展成果，特别是从德国的古典哲学、英国的古典政治经济学、法国的空想社会主义那里汲取理论智慧，创立了马克思主义，从而形成了世界不同文明融合发展的伟大成果，那么共享发展则是马克思在总结人类文明发展历史以来又一次总结人类文明发展的理论发现与理论发展，是世界不同文明又一次融合发展的伟大成果。

《中国故事》：您说："从本质上说，我是一个乐观主义者，始终对未来充满期待，对世界深怀想象，对人类的过去、现在与未来深怀敬意；我也是一个理想主义者，崇尚的是一种心系多数人的精英情怀——但不是以所谓精英

---

① 中共中央马克思恩格斯列宁斯大林著作编译局编：《马克思恩格斯选集》（第三卷），人民出版社 1972 年版，第 404 页。

② 中共中央马克思恩格斯列宁斯大林著作编译局编：《马克思恩格斯选集》（第三卷），人民出版社 1972 年版，第 273 页。

意识去影响他人的思考。"为什么呢?

卢德之: 我说我是一个共享主义者,就是一种理想主义。人类发展不能没有理想主义。理想有幻想的成分,但绝对不是幻想。理想有对天空的仰望,也是现实的生活与思想基础。我认为,理想主义撞击现实主义总会发出闪亮的光焰,那正是我所追求的思想火光。

特别是近年来,参加东西方文化交流的活动多了,深切地感受到多元文化交流、融合、发展的必要性与迫切性。所以,我的思考是开放的,大门也是打开的。一个人的思想越开放,能够接触到的东西就越多,也就更具有融合性,发展也可能更快一些。我越来越感觉到,我们坚持人性本善、世界本好的同时,更要坚持发展的方向与制度的价值,特别是实体形态价值与观念形态价值的有机统一;在价值混淆、道德沉疴泛起的时候,更要坚守精神的追求与内心的崇高;在认识到资本创造财富的作用时,更要推动社会财富不断地让更多人享有等,这才是必须重视和重新认识的现实生活。

我的思考发乎我的内心情感,而用以规范、制衡和构建思想的则需要理性。这一切思考都有着精英的情怀,但不是一般所谓精英所要的影响力。我关注人类发展中的资本与共享的价值。我希望自己的乐观主义与理想主义能给人类社会的发展带来一点儿新的思考,给黑夜里前行的人添一点儿光与温暖,那就是我的快乐与慰藉了。

《中国故事》: 一般来说,一部著作出版了也就是社会财富了,如何评价则是社会的事。不过我们还是想知道,您自己怎么评价《论资本与共享》?

卢德之: 可以说,刚出版的这本《论资本与共享》在许多方面延续了我在《资本精神》中的思考与探索。思想上的东西,越往前思考越会觉得没有尽头。我很清楚的是,我没有能力追求一个独立的思考体系,但是我始终有一种情结,就是希望用中国的思想元素与中国的当代实践去思考问题,特别是思考21世纪发展的理论创新,我也希望自己始终保持一种开放的姿态,既能够回归到历史中去,又能够面向未来,还能够不断超越自己,让自己个性化的思考总结出一些"常规范式",而且不断加以完善,当然这是非常困难的事。

我如果因此能够为社会和人生贡献一点独立的认识与体会,那也是我所追求与期待的价值和意义了。从这个意义上说，我非常感恩我们生活其中的这个伟大的时代，这个让人们更加深刻地认识资本与财富，认识人与社会、人与自然、人与文明、人与未来协同发展的时代，一个让世界再一次全面认识中国、让中国更好地融入世界发展的时代。《论资本与共享》就是我对这个时代的一些认识与把握，虽然不免于粗糙与浅显，但真诚却是客观的。

《中国故事》：您的《资本精神——人类文明协同发展的力量》于2016年1月出版，《论资本与共享——兼论人类文明发展的重大主题》是其姊妹篇。您曾经谈到，围绕"资本与共享"的思考，您有一个三部曲的构想，能给我们透露一下第三部著作的情况吗？

卢德之：谢谢你们的关注。多年来，我一直有一个三部曲的构想。在《资本精神——人类文明协同发展的力量》和《论资本与共享——兼论人类文明发展的重大主题》基础上，我在思考的第三本书是《论共享文明——兼论人类文明协同发展的新形态》。这三部曲里融合了我对"以资本精神为核心的新财富论、以21世纪慈善为核心的新慈善论、以共享主义为核心的新共享论"的综合思考与把握。就其根本而言，我认为，共享反映出人类从遥远的"大同社会""理想国"到今天构建"人类命运共同体"是本质要求，共享主义作为人类社会的一种生活形态则是人类社会发展与文明进步的重要趋势。这部书稿字数不会很多，但集中了我的许多新思考，估计2017年10月份能够出版。到时候请你们批评指正！

《中国故事》：我们期待《论共享文明——兼论人类文明协同发展的新形态》早日出版面世。今天占用了您很多时间，谢谢您接受我们的采访！

卢德之：谢谢你们！

图书在版编目（CIP）数据

论共享文明：兼论人类文明协同发展的新形态 / 卢德之 著．
—北京：东方出版社，2017
ISBN 978-7-5060-9623-2

Ⅰ．①论…　Ⅱ．①卢…　Ⅲ．①慈善事业—研究　Ⅳ．① C913.7

中国版本图书馆 CIP 数据核字（2017）第 233361 号

论共享文明——兼论人类文明协同发展的新形态
（ LUN GONGXIANGWENMING——JIAN LUN RENLEIWENMING XIETONG
FAZHAN DE XINXINGTAI ）

- -

作　　者：卢德之
策　　划：姚　恋
责任编辑：辛岐波
出　　版：东方出版社
发　　行：人民东方出版传媒有限公司
地　　址：北京市东城区东四十条 113 号
邮　　编：100007
印　　刷：北京汇林印务有限公司
版　　次：2017 年 11 月第 1 版
印　　次：2017 年 11 月第 1 次印刷
开　　本：710 毫米 ×1000 毫米　1/16
印　　张：13.5
字　　数：240 千字
书　　号：ISBN 978-7-5060-9623-2
定　　价：32.00 元
发行电话：（010）85924663　85924644　85924641

- -